AS CRIANÇAS ESQUECIDAS DE HITLER

A VERDADEIRA HISTÓRIA DO PROGRAMA **LEBENSBORN**

Ingrid von Oelhafen & Tim Tate

Proibida a reprodução total ou parcial em qualquer mídia
sem a autorização escrita da editora.
Os infratores estão sujeitos às penas da lei.

A Editora não é responsável pelo conteúdo deste livro.
Os Autores conhecem os fatos narrados, pelos quais são responsáveis,
assim como se responsabilizam pelos juízos emitidos.

Consulte nosso catálogo completo e últimos lançamentos em **www.editoracontexto.com.br**.

AS CRIANÇAS ESQUECIDAS DE HITLER

A VERDADEIRA HISTÓRIA DO PROGRAMA LEBENSBORN

Ingrid von Oelhafen & Tim Tate

Com dra. Dorothee Schmitz-Köster

Tradução
Rogério Bettoni

editora**contexto**

Hitler's Fortgotten Children
© 2016 by Ingrid von Oelhafen and Tim Tate

Direitos de publicação no Brasil adquiridos pela
Editora Contexto (Editora Pinsky Ltda.)

Foto de capa
Bundesarchiv, Bild 146-1973-010-11 / Foto: o. Ang. | 1943

Diagramação
Gustavo S. Vilas Boas

Preparação de textos
Lilian Aquino

Revisão
Tatiana Borges Malheiro

Dados Internacionais de Catalogação na Publicação (CIP)
Andreia de Almeida CRB-8/7889

Oelhafen, Ingrid von
  As crianças esquecidas de Hitler : a verdadeira história do
programa Lebensborn / Ingrid von Oelhafen, Tim Tate ;
tradução de Rogério Bettoni. – São Paulo : Contexto, 2017.
  240 p.

  Bibliografia
  ISBN 978-85-520-0025-9
  Título original: Hitler's forgotten children: a true story of the
Lebensborn Program...

  1. Guerra Mundial, 1939-1945 – Crianças – Biografia
  2. Nazismo 3. Eugenia – Alemanha – História 4. Lebensborn
e.V. (Germany) I. Título II. Tate, Tim III. Bettoni, Rogério

17-1067   CDD 940.53

Índices para catálogo sistemático:
1. Nazismo – Crianças – História

2017

Editora Contexto
Diretor editorial: *Jaime Pinsky*

Rua Dr. José Elias, 520 – Alto da Lapa
05083-030 – São Paulo – SP
PABX: (11) 3832 5838
contexto@editoracontexto.com.br
www.editoracontexto.com.br

Este livro é dedicado a todas as vítimas da Alemanha nazista – homens, mulheres, sobretudo crianças – e a quem, no mundo todo, sofre do mal persistente que ensina que uma raça, crença ou cor é superior a qualquer outra.

SUMÁRIO

PREFÁCIO 9

AGOSTO DE 1942 13
1945 – ANO ZERO 19
FUGA 37
ABRIGOS 45
IDENTIDADE 57
MUROS 71
FONTE DE VIDA 83
BAD AROLSEN 95
A ORDEM 111
ESPERANÇA 121
RASTROS 127
NUREMBERG 145
ROGAŠKA SLATINA 159
SANGUE 173
PUREZA 179
ROUBO 197
A BUSCA 213
PAZ 221

EPÍLOGO 229
AGRADECIMENTOS 231
BIBLIOGRAFIA 235
OS AUTORES 237

PREFÁCIO

Sangue.
Toda esta história é permeada de sangue. Sangue de rapazes derramado nos campos de batalha; sangue de civis – velhos e jovens, homens e mulheres – que escorreu na sarjeta de cidades, em vilas e aldeias pela Europa; sangue de milhões de pessoas dizimadas nos *pogroms* e campos de extermínio do Holocausto.

Mas também a *ideia* de sangue permeia esta história: a crença nazista, que hoje nos parece absurda e imoral, na existência de um "sangue bom", uma substância preciosa que deveria ser buscada, preservada e multiplicada. O contraponto inevitável dessa ideia era o "sangue ruim", que deveria ser identificado e cruelmente erradicado.

Eu sou a filha alemã de uma guerra baseada no sangue e impregnada dele. Nasci em 1941, em meio à Segunda Guerra Mundial: cresci acompanhando seus desdobramentos e vivi sob a sombra de sua brutal e ainda mais duradoura cria, a Guerra Fria.

Minha história é também a de milhões de homens e mulheres como eu. Somos vítimas da obsessão de Hitler por sangue, bem como beneficiários do milagre econômico do pós-guerra que transformou nossa nação pária e devastada na grande potência europeia da atualidade.

Nossa história é a de uma geração que cresceu à sombra de uma infâmia sangrenta, mas que também encontrou uma maneira de lutar pela honestidade e pela decência.

Mas minha história pessoal também é a de um passado muito mais secreto, acobertado pelo silêncio e escondido pela vergonha. É um alerta do que acontece quando se cultua o sangue como essência vital que determina o valor humano e, por extensão, quando se usa o sangue para justificar os crimes mais terríveis que a humanidade já cometeu contra ela mesma.

Porque eu sou filha do Lebensborn.

Lebensborn é uma antiga palavra alemã que foi deformada e distorcida nas fornalhas linguísticas do nacional-socialismo e assumiu um sentido perturbador e inigualável dentro do vocabulário amplo e bizarro do Reich de Hitler. O que ela significava no léxico insano do nazismo? O que significa hoje? Para encontrar as respostas, ou descobrir minha própria história, enfrentei uma jornada longa e dolorosa: uma jornada física, na verdade, que me levou a atravessar o território europeu. Uma expedição histórica, também, que exigiu o retorno muitas vezes desconfortável à Alemanha de mais de 70 anos atrás e um retorno às histórias turbulentas dos países dominados pelos exércitos de Hitler.

Mas a busca por quem sou, e por quem fui, também me obrigou a entrar numa viagem psicológica para investigar tudo que eu sabia na vida – um questionamento fundamental sobre quem sou e o que significa ser alemã.

Prefácio

Não vou fazer de conta que minha história é agradável: em muitos momentos não será fácil ler o que tem nestas páginas, e nem poderia. Mas, se você o fizer, lembre-se de que viver esta história também não foi nada fácil.

Nunca fui de me abrir emocionalmente. Expressar emoção, algo tão comum na sociedade do século XXI, me exige esforço demais. Acho que passei a vida inteira tentando reprimir meu verdadeiro ser, tentando sujeitar meus sentimentos às circunstâncias nas quais cresci, bem como às necessidades dos outros.

Por outro lado, acredito profundamente que esta história precisa ser lida – e, muito mais do que lida, precisa ser compreendida. Ela não é exclusiva, se pensarmos que outras pessoas também sobreviveram às mesmas circunstâncias que marcaram minha vida e minha época. No entanto, talvez desrespeitando um pouco a definição estrita de exclusividade, ela se apresenta na vida em diferentes gradações. Desse modo, por mais que milhares de outras pessoas também tenham sido submetidas ao experimento abominável e perverso do Lebensborn, nenhuma delas, pelo que sei, viveu as mesmas ironias do destino, da história e da geografia que definiram meus 74 anos neste planeta.

Lebensborn. A palavra atravessa minha vida como o sangue que me corre nas veias; um rio poderoso, cheio de mistérios, cujo curso e percurso não são vistos a olho nu. Para ver e entender esse rio é preciso muito mais do que um exame superficial: para encontrar sua fonte – e, com ela, as raízes desta história –, é preciso invadir e investigar profundamente os lugares mais ocultos.

Vamos começar numa cidade e num país que não existem mais.

AGOSTO DE 1942

Os homens [...] devem ser mortos, as mulheres, presas e levadas para os campos de concentração, e as crianças, retiradas de sua terra natal e alojadas nos territórios do antigo Reich.
Reichsführer SS Heinrich Himmler,
25 de junho de 1942

Cilli, Iugoslávia ocupada:
3-7 de agosto, 1942

O pátio da escola estava lotado. Centenas de mulheres, tanto moças quanto senhoras, agarravam as mãos dos filhos e ocupavam no lugar apinhado o espaço que conseguiam; ali perto, soldados da Wehrmacht, com rifles pendurados no ombro, observavam as famílias que chegavam devagar, vindas de cidades e vilarejos da vizinhança.

As mulheres foram reunidas ali por ordem dos novos governantes alemães, que as mandaram levar seus filhos até a escola para a realização de "exames médicos". Assim que chegavam, elas eram presas e obrigadas a esperar. Otto Lurker, comandante da polícia e dos serviços de segurança da região, observava tranquilo e impassível, com as mãos enfiadas confortavelmente nos bolsos, o pátio se encher de famílias. Lurker havia sido carcereiro de Hitler; agora era o principal capanga do Führer na Baixa Estíria. Sua patente era ss *Standartenführer* (coronel ss*), mas, naquela manhã de verão, ele estava vestido como civil, usando um terno casual.

A Iugoslávia já estava há 16 meses sob o domínio nazista. Em março de 1941, quando Hungria, Romênia e Bulgária – três países vizinhos – formaram a aliança balcânica do Reich, Hitler pressionou o regente do reino, o príncipe Paulo da Iugoslávia, a aderir ao pacto. O príncipe e seu gabinete se submeteram ao inevitável, unindo formalmente a Iugoslávia às potências do Eixo. No entanto, o Exército Real Iugoslavo, sob o domínio dos sérvios, promoveu um golpe de Estado que derrubou o regente Paulo e entronou seu primo de segundo grau, o príncipe Pedro, na época com 17 anos.

As notícias da revolta chegaram a Berlim em 27 de março. Hitler interpretou o golpe como ofensa pessoal e emitiu a Diretiva 25, declarando formalmente o país como inimigo do Reich. O Führer ordenou que seus exércitos destruíssem "o Estado da Iugoslávia e todas suas forças militares". Uma semana depois, a Luftwaffe começou uma campanha de bombardeio devastadora, enquanto divisões de infantaria da Wehrmacht e tanques do Corpo Panzer invadiam por terra cidades e vilarejos. O Exército Real Iugoslavo não era páreo para as tropas da Blitzkrieg (guerra-relâmpago) alemã: em 17 de abril, o país se rendeu.

As tropas ocupantes começaram imediatamente a cumprir a ordem de Hitler para demolir todos os vestígios do Estado. Sessenta e cinco mil pessoas – sobretudo intelectuais e nacionalistas – foram exiladas, presas ou assassinadas, tendo suas casas e propriedades entregues a novos donos alemães. A língua eslovena foi proibida.

Mas até o final de 1941 e durante o primeiro semestre de 1942, grupos *partisans*, liderados pelo comunista Josip Broz Tito, se empe-

---

* N.E.: Não há uma correspondência exata entre as patentes do Exército Alemão e as do Exército Brasileiro. As equivalências estabelecidas são, então, aproximativas.

nharam numa forte luta de resistência. A Alemanha os retaliou com uma ofensiva brutal: a Gestapo atacou civis e combatentes sem nenhuma distinção, despachando milhares de pessoas para os campos de concentração espalhados pelo Reich. Outras foram executadas para servirem de alerta contra a resistência. Durante um período de nove meses, iniciado em setembro de 1941, 374 homens e mulheres foram alinhados contra os muros da prisão de Cilli e sumariamente mortos a tiros. As execuções foram fotografadas para a posteridade e para fins de propaganda.

Em 25 de junho de 1942, Heinrich Himmler, o segundo homem mais poderoso e temido da Alemanha nazista, ordenou que sua polícia secreta e oficiais da Schutzstaffel (ss, "Tropas de proteção") eliminassem a resistência *partisan*:

> *Esta campanha possui todos os elementos necessários para tornar inofensiva a população que apoiou os rebeldes e lhes deu recursos humanos, armas e abrigo. Os homens dessas famílias, e, em muitos casos, inclusive seus parentes, devem ser mortos, as mulheres, presas e levadas para os campos de concentração, e as crianças, retiradas de sua terra natal e alojadas nos territórios do antigo Reich. Aguardo um relatório especial sobre a quantidade de crianças e seus valores raciais.*

Nesse cenário sangrento, 1.262 pessoas – muitas delas familiares dos *partisans* mortos como exemplo para o restante da população – se reuniram no pátio da escola naquela manhã de agosto para esperar seu destino. Entre elas havia uma família de Sauerbrunn, um vilarejo vizinho. Johann Matko vinha de uma família de *partisans* conhecidos: Ignaz, seu irmão, foi um dos executados no muro da prisão de Cilli em julho; Johann, por sua vez, havia sido levado para o campo de concentração Mauthausen. Depois de sete meses, deixaram-no voltar para casa para encontrar a família: Helena, sua esposa, e os três filhos – Tanja, uma menina de 8 anos; Ludwig, um menino de 6; e Erika, uma bebezinha, na época com 9 meses.

Quando todas as famílias se apresentaram, deu-se a ordem para que fossem separadas em três grupos: homens, mulheres e crianças. Sob o comando de Lurker, os soldados entraram e puxaram as crianças agarradas às mães; Josip Pelikan, um fotógrafo local, registrou a cena angustiante a pedido dos obsessivos arquivistas do Reich. Seus rolos de filme capturaram o medo e o pânico de mulheres e crianças; Pelikan também fotografou, dentro da escola, vários cercadinhos de palha onde foram colocadas as crianças menores.

Enquanto as mães esperavam do lado de fora, os oficiais nazistas começaram a fazer um exame básico das crianças. Munidos de pranchetas e formulários, eles anotavam cuidadosamente as características físicas e faciais de cada uma delas.

As anotações não diziam respeito a "exames médicos" no sentido comum, mas sim a avaliações grosseiras de "valor racial" baseadas em quatro categorias. Himmler havia descrito como seria a aparência de uma criança de verdadeiro sangue alemão, e quem se enquadrava em seus rígidos critérios era colocado nas categorias 1 e 2: em termos formais, isso significava que elas tinham o potencial para serem incluídas na população do Reich. Em contrapartida, qualquer pista ou traço de características eslavas, e certamente qualquer sinal de uma "herança judaica", fazia a criança ser relegada ao *status* racial mais baixo das categorias 3 e 4. Classificadas como *Untermensch* (sub-humano), elas não tinham nenhum valor, exceto como futura mão de obra escrava para o Estado nazista.

Essa seleção rudimentar acabou no dia seguinte. As crianças consideradas racialmente desprezíveis foram devolvidas a suas famílias. Outras 430, de bebês novinhos a meninos e meninas de 12 anos, foram embora com seus raptores. Recolhidas por enfermeiras da Cruz Vermelha alemã, elas foram amontoadas em trens que atravessaram a fronteira iugoslava até um *Umsiedlunslager* (campo de trânsito) em Frohnleiten, perto da cidade austríaca de Graz.

Elas não ficaram muito tempo nesse centro de detenção. Em setembro de 1942, uma nova seleção foi feita – dessa vez por "peritos raciais" de uma das muitas organizações estabelecidas por Himmler para preservar e fortalecer um banco de "sangue bom".

Agosto de 1942

O nariz das crianças era medido e comparado ao tamanho e ao formato considerados ideais; lábios, dentes, quadril e genitálias eram igualmente apalpados, cutucados e fotografados para separar o trigo geneticamente precioso do joio menos valioso. Essa seleção mais refinada e rigorosa tinha como objetivo redistribuir os cativos entre as quatro categorias raciais.

As crianças mais velhas que entraram na lista das categorias 3 e 4 foram enviadas para campos de reeducação na Baviera, bem no centro da Alemanha nazista. As melhores crianças, atribuídas às duas primeiras categorias, seriam entregues, no momento certo, a um projeto secreto liderado pelo próprio *Reichsführer* (literalmente, "chefe supremo" da ss). O projeto se chamava Lebensborn, e entre as crianças entregues aos seus cuidados estava uma bebezinha de 9 meses chamada Erika Matko.

1945 – ANO ZERO

É nossa vontade que este Estado dure mil anos. Estamos felizes por saber que o futuro é totalmente nosso!

Adolf Hitler,
em *O triunfo da vontade*, 1935

França – segunda-feira, 7 de maio de 1945. Às 2h40, numa escola de tijolinhos vermelhos na cidade de Reims, o *Generaloberst* (general de exército) Alfred Jodl, chefe de operações do Alto-Comando das Forças Armadas Alemãs, assinou a rendição incondicional do Reich de Mil Anos. Os cinco parágrafos concisos desse ato de capitulação declaravam que, a partir das 23h01 da noite seguinte, a Alemanha e todos os seus habitantes estariam à mercê dos quatro Aliados vitoriosos – Estados Unidos, França, Grã-Bretanha e União Soviética.

Uma semana depois, Hitler e quase todos do seu grupo mais próximo cometeram suicídio nas entranhas do *bunker* de Hitler em Berlim. Seu principal capanga, ss *Reichsführer* Heinrich Himmler, responsável por todo o aparato de terror dos nazistas, conseguiu fugir usando um uniforme cinza de oficial recrutado e documentos falsos que o identificavam como mero sargento.

Seis anos haviam chegado ao fim – seis anos de uma "guerra total" em que meu país matara e pilhara abrindo caminho pela Europa. Agora teríamos de conviver com a paz.

Quem éramos nós naquela manhã de maio? O que era a Alemanha – terra de Bach e Beethoven, Goethe e Schiller – depois da brutalidade da Blitzkrieg, sem falar da imundície e do genocídio da Solução Final? Qual seria o rosto da paz para os vitoriosos e os derrotados? Essas perguntas se revelariam bem diferentes, mas ligadas por uma resposta comum.

Um novo termo foi cunhado para descrever nossa situação em 1945: *die Stunde Null*. Em tradução literal, significa "a hora zero", mas para os restos conflagrados da Alemanha – um país de ruínas, vergonha e fome – a tradução mais precisa seria "ano zero": tanto um fim quanto um começo.

O que significou a existência da Alemanha a partir das 23h01 de terça-feira, 8 de maio de 1945? Para os Aliados – os novos donos de cada centímetro de terra e da vida de cada indivíduo, desde o rio Mosa, a oeste, até o Neman, a leste – significou subjugação, suspeita e supressão. Nunca mais, disseram as quatro potências ocupantes, os rios tóxicos da Alemanha – nacionalismo e militarismo, praticamente irmãos gêmeos – fluiriam fartos pelo continente. Dali a poucas horas, entrariam em ação mecanismos e procedimentos para impor esse nobre ideal – sistemas que, embora eu fosse muito nova para entender, seriam responsáveis pelo curso da minha vida.

Para os alemães, mais uma vez, a questão existencial sobre a identidade teve um significado diferente – algo muito menos filosófico, que poderia ser categorizado em três instâncias: física, política e psicológica. Dessa trindade, não há dúvida de que a principal instância – e a mais crítica – era a física.

Em maio de 1945, a Alemanha estava desolada: uma tundra deformada de pontes derrubadas, estradas destruídas, tanques detonados. Nas últimas semanas do Reich, dominado pela loucura e por uma fúria impotente, Hitler ordenou a construção de "cidades-fortaleza". A Pátria, disse ele, seria defendida até a última gota do sangue puro alemão, até o último tijolo dos prédios alemães. Não haveria rendição, mas sim um *Götterdämmerung* ("crepúsculo dos deuses") de fogo e sacrifício para marcar os dias finais de sua autoproclamada Raça Dominante.

O resultado final não chegou a ser uma nobre pira funerária, mas sim toda sua presunção representada numa fogueira de quase dois quilômetros de extensão. Obrigada a lutar por cada centímetro de terra – e coagida pelo bombardeio de saturação dos Aliados –, a Alemanha foi reduzida a um deserto pós-apocalíptico. Os prédios do Reich, antes suntuosos, reduziram-se a montes e montes de escombros; só em Berlim havia 75 milhões de toneladas de destroços amontoados e espalhados por todas as ruas. As outras cidades alemãs tiveram o mesmo destino de Berlim – destruídas e dizimadas por bombardeios e combates casa a casa que danificaram ou arruinaram 70% de todas as construções. Em todos os lugares, quem antes se empertigava de arrogância agora mostrava a cara emaciada e os olhos fundos – as mesmas pessoas que subjugaram o que, para elas, era uma raça inferior agora teriam que enfrentar a dura sorte que aguardava a Alemanha.

Cinejornais e fotografias – dos Aliados, uma vez que a imprensa alemã foi fechada no momento da rendição – capturaram cenas nunca antes imaginadas. Em volta dos prédios semidestruídos, demolidos a tal ponto que lampejos de uma vida outrora normal – uma lareira, pedaços de papel de parede, restos de um banheiro – revelavam-se obscenos na ausência de paredes protetoras, aglomeravam-se mulheres e crianças, verdadeiros fantasmas vivos. Órfãos, refugiados, idosos, feridos: em todo lugar, um quadro distópico de corpos anônimos deitados no chão, observados – ou quase sempre evitados – por figuras esqueléticas que dali a pouco se juntariam a eles na morte.

O que eles – o que nós – estávamos fazendo? A Alemanha inteira, pelo menos nas cidades, vasculhava escombros, criava abrigos temporários e mendigava comida. Não por escolha, mas por necessidade; ou as pessoas se escondiam dos exércitos ocupantes ou se confraternizavam com eles, ainda que amedrontadas. Afinal, faltava-lhes uma coisa ainda mais vital que abrigo: comida.

Nas últimas semanas de guerra, a economia do país – há muito tempo controlada pelo Partido Nazista de acordo com seus interesses – despencou tal como seus prédios. Ironicamente, havia dinheiro em abundância, mas os maços de notas e os montes de moedas eram inúteis. Como todos os recursos disponíveis haviam sido desviados do povo para suprir as necessidades do Exército e as explosões haviam dilacerado a rede ferroviária, impedindo que qualquer alimento colhido fosse distribuído, havia pouco ou nada para comprar com os marcos sem valor nenhum.

Nem nossos novos senhores pareciam ter uma ideia coerente do que fazer conosco. Entre julho e agosto de 1945, os líderes Aliados – Churchill, Roosevelt e Stalin – se reuniram em Potsdam para planejar o futuro. Ao contrário do que aconteceu no fim da Primeira Guerra Mundial, quando a Alemanha foi derrotada e subjugada a reparações e punições severas, mas não varrida do mapa político e geográfico, tomou-se em Potsdam a decisão de que o país deveria deixar de existir, agora que a guerra contra Hitler havia terminado. Em seu lugar haveria quatro "zonas de ocupação" separadas, distribuídas a cada um dos vitoriosos que as governariam de acordo com seus próprios princípios e planos de ação.

Mas, para além disso, não houve um pensamento conjunto sobre o que seria feito, em termos práticos, com o antigo Estado alemão depois que Hitler e seus asseclas fossem derrotados. A França defendia que o Reich fosse desmembrado numa série de pequenos Estados independentes, enquanto os Estados Unidos consideravam reconduzir a Alemanha à condição de país pré-industrializado, voltado para a agricultura e dependente dela. Washington acabaria reconhecendo que exigir de dez milhões de alemães uma vida de camponês medieval seria inviável, além de indesejável. Mas os Aliados não pensaram em como seus territórios ocupados funcionariam, e nenhum de seus planos de ação tratava do monumental problema de alimentar tanto um povo conquistado – uma população acrescida de pelo menos mais de dez milhões de refugiados do Leste – quanto os exércitos gigantescos que impunham a paz.

Comida: não havia alimento o suficiente – e, sem um sistema funcional de transporte, era impossível levar o pouco que havia até as regiões mais necessitadas. Para piorar as coisas, espalhava-se entre os exércitos ocupantes a sensação de que os alemães finalmente provavam do próprio veneno; afinal, a violência nazista que atravessou a Europa não havia deixado vilarejos, cidades, regiões e países inteiros à beira da morte por causa da fome? Não estava na hora de a Alemanha colher o que havia plantado?

Este foi, então, o verdadeiro legado de Hitler: um país faminto e morrendo de inanição; uma população reduzida à luta desesperada por sobrevivência, em que homens, mulheres e crianças consumiam, quando muito, metade das calorias necessárias para viver. Um país abatido e semidestruído, cuja existência havia sido dizimada por completo.

Eu tinha três anos e meio quando a paz chegou. Uma garota quietinha, loirinha, arquetipicamente alemã, que vivia em Bandekow, um pequeno vilarejo no centro rural da região de Mecklenburgo, com minha mãe, minha avó e meu irmão, Dietmar, um pouco mais novo que eu. Morávamos numa grande casa de campo em estilo enxaimel, característico da região, construída junto a um bosque. Nós éramos, acredito, uma família típica tanto de uma classe específica de alemães do período pré-guerra quanto, em contraposição, do país pós-guerra como um todo. Por parte de mãe e de pai, nossa família era antiga, bem estabelecida e próspera, apesar da economia naufragada.

23

Ingrid, com aproximadamente 3 anos, e Dietmar, o menino que ela acreditava ser seu irmão.

Minha mãe, Gisela, era filha de um magnata do transporte marítimo em Hamburgo. Os Andersen faziam parte da classe da antiga Liga Hanseática – a aristocrata e prestigiosa elite dominante que ganhava dinheiro e renome com o comércio desde que o Congresso de Viena declarara Hamburgo como cidade independente em 1815.

Nossa casa em Bandekow era da família da minha mãe havia gerações; pertenceu ao irmão do meu avô, mas muito provavelmente foi usada apenas como casa de campo até 1945. A residência principal dos Andersen era mantida em Hamburgo, onde morava meu avô. Minha avó dividia o tempo entre as duas casas.

Gisela era um dos quatro filhos da família Andersen. O irmão havia morrido servindo na Wehrmacht nos últimos dias da guerra; a irmã mais velha havia sido afastada do seio familiar – resultado de algum ato desonesto, mantido em segredo, que maculara o respeitável nome da família –, mas a outra irmã, minha tia Ingrid (conhecida em toda parte como Erika, ou "Eka"), foi uma presença constante na minha infância.

No final da guerra, Gisela estava com 31 anos: jovem, radiante – apesar do aspecto frágil e privilegiado de sua classe – e bela. Também estava casada – e, ao que se revelou com o tempo, nada satisfeita.

Hermann von Oelhafen era soldado de carreira. Teve a honra de servir na Primeira Guerra; foi gravemente ferido em 1914, de novo em 1915 e, depois de sofrer um último ferimento em 1917, foi condecorado com a Cruz de Ferro por seu sofrimento. Assim como Gisela, suas origens eram aristocratas; tanto o pai quanto a mãe ostentavam em seus sobrenomes o simbólico *von* – significante da classe alta.

Enquanto Gisela era jovem e cheia de vida, Hermann era o exato oposto. Ele era 30 anos mais velho que Gisela e sofria ataques epiléticos graves. Não sei dizer se os ataques eram a causa de sua natureza mesquinha e irritadiça, mas tenho certeza de que o casamento – consumado em 1935, durante os primeiros anos otimistas do reinado de Hitler – acabou efetivamente em 1945. Da minha infância até quase a adolescência, vi meu pai pouquíssimas vezes; enquanto vivíamos na casa de campo em Bandekow, Hermann morava a um quilômetro de distância, na cidade bávara de Ansbach.

Aparentemente não havia nada de estranho no fato de Gisela – uma mulher casada – morar sozinha com os filhos e a mãe. Era muito comum ver famílias assim nos meses que se seguiram à guerra que assolou o país. Afinal, a maioria dos homens adultos – inclusive os muito jovens e idosos – havia sido recrutada para o serviço militar, e agora estavam mortos, desaparecidos ou trancados em campos para prisioneiros de guerra em toda a Europa. A Alemanha era um país – mais precisamente, um ex-país – de mulheres e crianças.

Mas, embora a guerra tivesse feito a sua parte, como veremos, ela não foi o principal motivo da separação dos meus pais. Entre eles simplesmente havia um abismo intransponível – uma fratura emocional mais resistente a uma solução do que as divisões impostas à sua pátria. Na época, eu era muito nova para entender, mas esse abismo, com o passar do tempo, acabou deixando minha infância tão desolada quanto a situação política deteriorada em que nos encontrávamos. Talvez até mais desolada.

Política. O segundo aspecto que definia a vida no final da guerra. Não a política no sentido conhecido e desprezado pelas gerações modernas ou as manobras por posição e poder entre partidos rivais numa democracia estável – nada disso. Em 1945, a política tinha garras e dentes vermelhos.

Os últimos dias de guerra foram marcados pelas forças aliadas invadindo a Alemanha e desbravando caminhos por todos os cantos. Tanques e tropas americanos invadiram a leste pelas fronteiras da França, Bélgica e Holanda; os britânicos marcharam rumo ao norte, atravessando o país desde a Itália e a Áustria; e os enormes exércitos da União Soviética se alastraram a oeste, partindo do que havia sido antes da guerra a Polônia. Cada potência se guiava pelo imperativo absoluto de conquistar e controlar o máximo possível do território alemão; pelos termos do Acordo de Potsdam, o que cada aliado tivesse em seu domínio quando a guerra acabasse seria sua propriedade, e

1945 – Ano Zero

Hermann e
Gisela von Oelhafen
com Ingrid
e Dietmar.
Bandekow, meados
de 1944.

com a mínima possibilidade de uma redistribuição posterior. Em meados do primeiro semestre de 1945, as fronteiras da Europa pós-guerra foram recriadas, ao mesmo tempo que se plantavam as sementes do que, em pouco tempo, ficaria conhecido como Guerra Fria.

Quando a guerra acabou, descobriu-se que a casa do meu pai pertencia à zona americana; dali em diante, seu destino dependeria de como Washington iria definir os direitos e deveres no território que agora era seu. Mas Bandekow, onde eu morava com minha mãe, minha avó e Dietmar, meu irmão um pouco mais novo, estava na zona de ocupação soviética, e Moscou tinha ideias muito distintas de como desmantelar a infraestrutura da Alemanha nazista – e também do que queria fazer com sua parcela do antigo Reich.

De início, pelo menos, os Aliados concordavam com a necessidade de levar à justiça os capangas de Hitler que tinham sobrevivido. Para julgar a máquina nacional-socialista, estabeleceu-se um tribunal de crimes de guerra entre as quatro forças aliadas; Göring, Jodl, Hess, Von Ribbentrop e mais 20 outros líderes do Estado nacional-socialista foram trancafiados em celas embaixo do Palácio da Justiça, em Nuremberg, para esperar o julgamento por crimes de guerra e contra a humanidade. Além de Hitler e Goebbels, o ausente mais conhecido da lista da infâmia era Himmler: o homem que havia criado a SS e arquitetado todo o aparato do terror nazista cometeu suicídio antes que fosse levado para Nuremberg.

O julgamento e a condenação final desses perversos criminosos de guerra foram um triunfo para a justiça, sem dúvida, mas também marcaram o ápice da cooperação entre as potências ocupantes. Depois de Nuremberg, Estados Unidos, França, Grã-Bretanha e União Soviética adotariam abordagens totalmente diferentes para governar a terra e o povo que agora controlavam; o destino de dezenas de milhões de alemães dependeria da zona em que porventura estivessem no fim da guerra. Em pouco tempo, essas grandes divisões políticas mudariam para sempre a vida de nossa pequena família.

O contraste entre as quatro potências ocupantes mostrava-se primeiro na forma de encarar quem havia sido membro do Partido Nazista. Nos últimos anos da guerra, cunhou-se em Washington o termo *desnazificação*: Franklin Roosevelt e Harry Truman, presidente e vice-presidente dos Estados Unidos, reconheceram que os ramos do partido estavam entranhados em todos os aspectos da vida alemã, do político ao jurídico, do público ao pessoal. Em maio de 1945, o Partido Nazista contava com mais de oito milhões de membros – cerca de 10% da população. Que atitude seria tomada em relação à mecânica do fascismo entrelaçada à trama e urdidura da vida cotidiana?

A busca por uma resposta, obviamente, não era exclusiva dos Estados Unidos. Cada uma das forças Aliadas agora controlava sua própria porção da Alemanha; cada uma enfrentava o problema de como arrancar o nacional-socialismo pela raiz e, ao mesmo tempo, garantir o funcionamento de sua zona de ocupação.

O primeiro passo seria banir o partido. Em 20 de setembro de 1945, a Lei n. 2 do Conselho de Controle Aliado proclamou a seguinte proibição, com vigência para todo o antigo Reich: "*O Partido Nacional-Socialista dos Trabalhadores Alemães (NSDAP) está completa e definitivamente abolido e declarado ilegal*".

Mas o partido em si era apenas o elemento mais visível de um complexo emaranhado de organizações nazistas. Por trás dele, mais de 60 associações oficiais, que iam de órgãos internacionalmente infames como a SS, a Gestapo e a Juventude Hitlerista, a sociedades muito mais obscuras (mesmo na própria Alemanha), como o Comitê do Reich para Proteção do Sangue Alemão e a Deutsche Frauenschaft, a Liga das Mulheres Nacional-Socialistas. Todas foram devidamente proibidas; no entanto, mais importante que a proibição foi o fato de que ter uma ligação antecedente com qualquer uma dessas sociedades era suficiente para que as pessoas fossem enquadradas como suspeitas de simpatizar com o nazismo.

Nem Hermann nem Gisela, pelo que eu saiba, eram membros do partido. Tampouco nunca os vi demonstrar alguma opinião fascista ou apoio a Hitler. Mas suas histórias pessoais – meu pai como soldado de carreira que havia servido como oficial administrativo na Wehrmacht durante boa parte da guerra, e minha mãe como antiga integrante da Deutsche Frauenschaft – devem ter levado a alguma investigação por parte dos oficiais responsáveis por desnazificar suas respectivas zonas de ocupação.

É nesse ponto que a divergência de abordagens entre os governantes americanos da região do meu pai e os líderes soviéticos que agora controlavam a área onde eu, minha mãe e Dietmar morávamos determinaria os diferentes cursos de nossas vidas.

Os americanos, inicialmente, estavam fortemente comprometidos com a desnazificação, mas depois se tornaram o mais pragmático dos exércitos ocupantes. O governo militar de Washington percebeu rapidamente que, apesar de desejável, o expurgo generalizado de nazistas suspeitos significaria que toda a responsabilidade pela organização da vida diária recairia somente em seus ombros – um peso que, para um país cansado da guerra e empenhado em levar suas tropas para casa, era oneroso demais.

Desse modo, embora meu pai, como qualquer adulto que vivesse na zona americana, precisasse responder a um questionário (chamado variavelmente de *Fragebogen* e *Meldebogen*) em que afirmava não ser e nunca ter sido membro de qualquer organização nazista, era raro que essas declarações fossem revistas ou examinadas em detalhe. Com pouca ou sem nenhuma supervisão, a maioria dos signatários recebia um documento oficial que os definia como "bons alemães", livres da mácula do fascismo. Em pouco tempo, esses documentos ficaram conhecidos como *Persilschein* – pedaços de papel capazes de limpar o passado tão bem quanto qualquer sabão em pó.

Mas a abordagem soviética era muito mais rígida. Talvez por ter sofrido mais perdas e devastações do que as outras forças aliadas – ou mais provavelmente porque Stalin tivesse uma ideia muito clara do futuro para a zona soviética –, Moscou foi muito menos permissiva.

A Administração Militar Soviética na Alemanha – conhecida pelo acrônimo SMAD – controlava uma vasta faixa territorial que ia do rio Oder, a leste, até o Elba, a oeste. Em 18 de abril de 1945, Lavrenti Beria – temido chefe da polícia secreta de Stalin – emitiu a Ordem n. 00315, que determinava a detenção imediata de nazistas em atividade e de altos funcionários de organizações partidárias, sem a necessidade de investigação prévia. No mês seguinte, os primeiros de 123 mil alemães foram capturados e encarcerados em dez campos especiais, distribuídos pela zona soviética.

A existência dessas prisões – lideradas pelo NKVD, equivalente russo da Gestapo, e geralmente ocupando o lugar dos antigos campos de concentração – era mantida em segredo. Era proibido qualquer tipo de contato entre as pessoas lá dentro e o mundo aqui fora, mas também era inevitável que a notícia se espalhasse; a natureza muitas vezes aleatória das prisões – em fevereiro de 1946, os verdadeiros membros do partido totalizavam menos da metade do total de prisioneiros – somada ao medo de ser levado à força para a rede de *Schweigelager* (literalmente: "campos de silêncio") foram um peso bem grande para a população temerosa sob o domínio militar russo.

Não era necessário quase nada – uma denúncia anônima, ter participado de alguma sociedade nazista obscura ou ter contato com qualquer pessoa das outras três zonas ocupadas – para que os oficiais batessem à porta das pessoas e as levassem para um *Schweigelager*, o que muitas vezes era um caminho sem volta: quase 43 mil homens e mulheres morreriam atrás do arame farpado desses campos de concentração pós-guerra.

Não sei dizer se o fato de minha mãe ter se envolvido no passado com a Deutsche Frauenschaft representava para ela a preocupação constante de que nossa pequena família corria risco em Bandekow – os Von Oelhafen mantinham a boca fechada, nunca se davam a discutir emoções, muito menos o passado. Mas hoje eu sei uma coisa que não sabia, nem poderia saber, na época: um segredo no seio da minha infância que ligava Gisela, Hermann e eu a uma das mais sinistras de todas as organizações nazistas, um segredo que certamente nos teria causado problemas se a SMAD soubesse.

Será que ele ofuscava a mente da minha mãe, aumentando sua preocupação? Mais uma vez, não sei dizer. Mas sei que, naquele ano fatídico de 1945, Gisela ficava cada vez mais apavorada conforme o verão dava lugar ao inverno. E seu pavor tinha nome: estupro.

Durante todo o ano de 1945, à medida que o Exército soviético invadia a Alemanha, seus soldados se tornaram mestres em dizer uma frase acima de todas as outras: *Komm, Frau* (literalmente, "Venha, mulher"). Uma ordem que não tolerava desobediência e levava à mesma conclusão inevitável.

Dezenas de milhares de alemãs – talvez dez vezes mais do que isso – pagaram com o próprio corpo o preço do tratamento estarrecedor e brutal dado por Hitler às cidades e ao povo da Rússia. O estupro era tão comum no setor soviético – tanto que deixou de ser notícia – que, para mulheres e garotas entre a puberdade e a idade adulta, a questão não era *se* elas tinham sido violentadas, mas sim *quantas* vezes.

Além disso, o estupro era permitido de modo quase oficial. Embora os líderes da SMAD, em algumas partes da zona ocupada, defendessem aparentemente o fim da violação de mulheres alemães, outros pagavam um preço muito alto por fazê-lo. Lev Kopelev, capitão do Exército Vermelho, interveio para impedir o estupro grupal de algumas garotas e acabou sendo julgado pelo transtorno. O tribunal o condenou pelo crime de "humanismo burguês", com uma sentença de dez anos de trabalho forçado num dos campos.

É verdade, é claro, que nem os campos de concentração nem os estupros se limitavam aos confins da zona soviética. Os americanos prenderam milhares de suspeitos nazistas, muitas vezes mantidos durante anos em condições estarrecedoras, e as tropas francesas violavam com frequência as mulheres alemãs nas cidades que controlavam. Mas, nos últimos meses da guerra, Hitler e Goebbels atiçaram as chamas do medo nacional fazendo propaganda constante da brutalidade do Exército Vermelho – e, no momento em que invadiram o solo alemão, os ocupantes soviéticos fizeram jus ao pior dessas predições.

Nossa pequena família era tão vulnerável quanto qualquer outra – talvez até um pouco mais. Minha mãe e minha tia Eka eram jovens e bonitas, e nossa família pertencia à odiada burguesia: nossa casa era ampla, confortável, bem abastecida de alimentos da granja, mas também isolada e não havia homens morando conosco. O medo – o pavor – do estupro pairava sobre nós à medida que o inverno se arrastava. Minha mãe se lembraria mais tarde – um dos poucos sentimentos pessoais que ela compartilhou comigo – de se esconder embaixo da cama sempre que ouvia boatos de que havia soldados do Exército Vermelho na região.

Por mais que o medo fosse debilitante, a verdade é que estávamos numa situação muito melhor do que a da maior parte da população na zona soviética. Em primeiro lugar, nosso refúgio rural nos provia de um teto, ao contrário do que tinha a grande maioria das pessoas nas cidades bombardeadas. Ninguém se lembrava de ter passado por um inverno tão severo quanto o de 1946-1947: a temperatura despencou a -30ºC, e para os milhões que lutavam para sobreviver no porão de suas antigas casas bombardeadas, não havia proteção contra o frio dilacerante. Como o que havia sobrado da rede ferroviária depois dos últimos meses desastrosos de guerra foi rapidamente desmontado pelo Exército Soviético e levado para o Leste como reparação de guerra, havia pouco carvão disponível. Milhares de pessoas simplesmente morreram de frio.

Mas foi a comida – ou melhor, a falta dela – que, quase da noite para o dia, se tornou a principal preocupação. Os cartões de racionamento emitidos pelo derrocado Estado nazista perderam o valor; as provisões antes disponíveis, já escassas no final da guerra, agora eram reivindicadas pela SMAD para alimentar o Exército Vermelho. Nas cidades de todo o país, a fome e o medo passaram a definir a existência das pessoas.

Moscou acabou introduzindo novos critérios de racionamento nas áreas que dominava. Os russos criaram um sistema de cinco camadas: o nível mais alto destinava-se – curiosamente – aos artistas e intelectuais; o próximo era o das mulheres – *Trümmerfrauen* ("mulheres destroçadas"), como chamavam – que trabalhavam fora dos campos, acorrentadas umas às outras, derrubando e limpando construções semidestruídas, quase sempre usando apenas as mãos desprotegidas como ferramenta. Isso valia muito mais do que o salário oficial de 12 *Reichsmarks* pela remoção de mil tijolos. O trabalho braçal pesado era a única forma de sobreviver, e, nas ruínas da nação, as mulheres da Alemanha escavavam para salvar suas famílias.

Os níveis de racionamento abaixo desses dois caíam progressiva e drasticamente. O cartão mais baixo, apelidado de *Friedhofskarte* (que literalmente significa "ingresso para o cemitério"), era dado para quem não tinha nenhuma função útil aos olhos dos senhores soviéticos: as donas de casa sem trabalho e os idosos.

Naquele inverno, duas novas palavras se juntaram ao léxico crescente da vida pós-guerra. A primeira era *Fringsen* (algo como "fringsar"), forjada depois que Josef Frings, cardeal católico de Colônia, deu sua bênção formal ao que muitos de seu rebanho já estavam fazendo – roubar para sobreviver. O crime cresceu radicalmente; além da ocorrência incontável (e geralmente não contada) de roubos e estupros por parte dos soldados do Exército Vermelho, os alemães sob ocupação soviética começaram a rapinar a si próprios. Só em Berlim ocorria uma média de 240 roubos e 5 assassinatos todos os dias.

Mas, se o crime urbano equivalia a mais uma fonte de vergonha e medo constante para os Von Oelhafen, para quem morava na relativa segurança da rural Mecklenburgo, a segunda palavra nova tinha um sentido ainda mais forte: *Hamstern*. Embora significasse, de modo bem literal, "agir como hamster", na prática ela se referia à viagem constante dos citadinos entre o campo e a cidade, desesperados para trocar seus últimos pertences pela comida que tínhamos em relativa abundância.

Eis a realidade do *Stunde Null* (Ano Zero): uma existência definida por três companheiros inseparáveis: medo – principalmente do Exército Vermelho e de sua decisão de usar civis alemães para se vingar da guerra de Hitler –, fome e frio. Assim era a Alemanha, meu país e minha vida quando completei 4 anos de idade. Essa foi nossa recompensa pelos triunfos do glorioso Reich.

Coisas piores – muito piores – estavam por vir. Em 1946, à medida que a relação entre as potências ocupantes foi piorando, Moscou começou a intervir com uma rigidez ainda maior nas áreas controladas pela SMAD. Além de a zona soviética ser privada de dinheiro e comida, começou o processo de nos destituir da única centelha de esperança que nutríamos quando a guerra acabou: a liberdade.

As fronteiras entre as quatro zonas se tornavam cada vez mais intransponíveis. Em julho de 1945, a União Soviética construiu a "fronteira interna alemã" – nos termos da SMAD – em torno de seu território, mas ela era policiada de forma esporádica e nada rigorosa. Embora fosse necessário um *Interzonenpass* (salvo-conduto) para transitar entre o setor soviético e as outras zonas ocupadas pelos Aliados, pelo menos um milhão e meio de alemães conseguiram fugir para as zonas americana e britânica. Agora isso começaria a mudar.

Em meados de 1947 – quando, sob a direção de Moscou, começaram os preparativos para transformar a SMAD na nova República Democrata Alemã, governada pelos comunistas –, novos contingentes de soldados chegaram aos postos de controle da fronteira. Os lugares por onde as pessoas transitavam de maneira informal logo seriam bloqueados por novas valas e barricadas de arame farpado. Era o início da Guerra Fria, e, em Bandekow, nossa pequena família crescia do lado errado da vindoura Cortina de Ferro. Em meados de 1947, meus pais – separados por mil quilômetros e pelos abismos emocionais intransponíveis de um casamento desfeito – tomaram uma decisão conjunta notável: estava na hora de fugir.

35

FUGA

*Ingrid é muito corajosa e consegue superar
a dura caminhada sem reclamar.*

Diário de Gisela von Oelhafen,
junho de 1947

Minha mãe mantinha um diário.

Para mim era um segredo – ela nunca me disse nada, mesmo depois que me tornei adulta. O fato é que ela anotou, em poucas páginas esparsas, os detalhes mais importantes dos meus primeiros anos de vida. Esse caderno fino, com capa de couro preto, contém tudo que sei da minha história até os 8 anos de idade.

Na primeira página, uma foto minha em preto e branco, descalça e de shorts, com a legenda: *Bandekow – Ingrid, meados de 1944*. Entre uma página e outra há um envelope com data de 4 de junho de 1944 contendo – segundo anotação da minha mãe – algumas mechas do meu cabelo. Se esse parece o início de um diário convencional, do tipo que qualquer mãe afetuosa guardaria como registro da infância da filha, o restante logo desfaz essa impressão. Em primeiro lugar, há poucas anotações – umas cinco, no máximo, para cada um dos cinco anos em que minha mãe se ocupou em escrevê-lo. Mas, além da concisão, esses registros têm outra curiosidade: todos foram escritos em terceira pessoa. Do começo ao fim, Gisela nunca se refere a si mesma como "eu", e sim como *Mutti* – palavra coloquial alemã que significa "mamãe".

Talvez ela fizesse isso para facilitar minha leitura: pelo que descobri, escrever diários em terceira pessoa era comum na Alemanha durante os últimos anos de guerra. No entanto, como ela nunca me mostrou o caderno nem me contou que o mantinha, essa explicação singela não tem muito sentido. Na verdade, o estilo de escrita curiosamente alheio parece enfatizar que minha mãe tinha dificuldades de corresponder ao estereótipo materno, além de confirmar a distância que eu sempre senti entre nós.

Mesmo assim, o diário me dá uma ideia do tipo de criança que fui. A anotação do dia 11 de novembro de 1944, meu aniversário, diz: "*Hoje Ingrid completa 3 anos. Não é alta para sua idade, mas está crescendo e progredindo maravilhosamente, além de ter uma constituição saudável. Tem uma vontade forte e predisposição ao temperamento violento. Sua personalidade é calma e persistente. Não presta atenção em quem não conhece: nesse ponto, seu ego de criança assume o papel principal e exige um pouco demais de seu pequeno mundo.*"

A anotação seguinte, com data de um mês depois, parece indicar meu desejo de conquistar o afeto dela. Por motivos não revelados, ela me deixou sozinha com Dietmar no horário do almoço; quando voltou, percebeu que "*Ingrid, com uma cara séria, estava muito ocupada dando comida para o irmão, do jeitinho que a mamãe sempre faz*".

Tendo em vista o que diz o diário, parece que fui um fracasso na infância. Durante os 12 meses de 1945, minha mãe encostou a caneta no papel em apenas cinco ocasiões – duas para registrar minha reação aos efeitos do sarampo, uma para anotar a boa notícia de que eu não tinha mais medo do cachorro da família e duas em que ela descreve e deixa registrada minha lentidão para falar: *"Ela não diz frases completas, o máximo que consegue são três ou quatro palavras"*. Eu não soltava minha língua de criança com as palavras alemãs por uma boa razão – se minha mãe tivesse pensado direito, teria se dado conta perfeitamente. Mas ela não menciona isso nas páginas do caderno.

E também não discorre sobre um período do ano seguinte que deve ter sido traumático na minha vida. Mais ou menos no meio do ano, minha mãe escreveu de forma lacônica que eu e, supostamente, Dietmar fomos mandados para um abrigo infantil em Lobetal, perto de Berlim, a mais de 250 km de onde morávamos. Como chegamos até lá? Não sei, pois no diário da minha mãe só há silêncio sobre isso e todo o resto da história. Tudo que ela escreveu foi: *"Mamãe está doente – enquanto isso, Ingrid vive num abrigo infantil em Lobetal, de 5 de agosto a 1º de novembro. Lá ela contraiu caxumba – mas nada muito grave."*

A doença de minha mãe – como eu soube décadas depois – na verdade foi um colapso nervoso. O motivo talvez tenha sido o fracasso do casamento e o fardo de cuidar de duas crianças pequenas. Talvez a tensão de viver sob a ocupação soviética, o medo constante de ser presa ou, pior, de ser estuprada pelo Exército Vermelho. Talvez, também, ela tivesse medo do que aconteceria se a liderança soviética descobrisse que eu não tinha certidão de nascimento e que os únicos documentos relacionados a mim haviam sido emitidos por uma organização nazista. Certamente, a primeira anotação do diário em 1947 mostra que ela estava decidida a fugir e que havia colocado meu pai – ainda afastado dela – em seus planos perigosíssimos. *"1º de maio de 1947. O papai leva as crianças para o abrigo infantil em Lobetal. Mamãe quer atravessar a fronteira ilegalmente."*

Não posso fingir que algum dia eu tenha sido íntima da minha mãe, tampouco afirmar que eu tenha sentido, da parte dela, o amor que as crianças reconhecem nos pais. Gisela sabia disso claramente; em outra anotação concisa do diário, sua caligrafia diz que eu sempre gostei mais da minha avó do que dela. *"A vovó é mais amada do que todo mundo, até mais do que a mamãe. Ela se dá muito bem com as crianças."* Mesmo assim, tenho de reconhecer que a decisão de apostar na liberdade foi extremamente corajosa.

A fronteira entre o que se tornaria, menos de dois anos depois, a "República Democrática Alemã" e a zona britânica da Alemanha ocupada era tanto política quanto geográfica. Era proibido, obviamente, deixar a zona soviética sem uma permissão especial – e, de acordo com o esquema da minha mãe para cruzar a fronteira ilegalmente, não havia a menor possibilidade de conseguir essa permissão. Até mesmo escrever a ideia no diário poderia – se fosse descoberto – tê-la levado a interrogatório, prisão nos Campos de Silêncio ou coisa pior.

Além disso, a jornada até a fronteira seria árdua, complicada e igualmente perigosa. Bandekow poderia ficar a menos de 15 km em linha reta desde o rio Elba, que delimitava a maior parte da fronteira com a zona britânica, mas, mesmo que tivéssemos os meios para fazer a jornada, não haveria como atravessar. Minha mãe tinha feito uma sondagem secreta e deve ter descoberto que as pontes mais próximas, em Lauenburgo e Dömitz, tinham sido explodidas pelo Exército alemão em retirada em 1945. A ponte intacta mais próxima ficava 150 km ao sul, em Magdeburgo.

Como as estradas de ferro continuavam um caos, e os carros particulares (sem falar do combustível) eram uma raridade, chegar a Magdeburgo seria desafiador para uma adulta saudável, viajando sozinha. Era nítido que minha mãe não estava bem – e ainda precisaria carregar duas crianças muito novas durante todo o caminho. Deve ter sido uma perspectiva desoladora.

Sobrecarregada por mim e Dietmar, ela não conseguiria carregar mais nada consigo; nós três seguiríamos viagem do jeito que estivéssemos vestidos na hora e, se desse certo, chegaríamos à segurança do território britânico levando nada mais do que a roupa do corpo.

A tarefa quase impossível de simplesmente transitar de um lugar para o outro em 1947 fica clara na complicada rota de fuga que minha mãe registrou cuidadosamente no diário. Assinalada depois num mapa, a primeira parte da viagem nos levou para leste, e não para oeste – adentrando cada vez mais a União Soviética e nos afastando do refúgio seguro que buscávamos.

Partimos no dia 30 de junho, acho que de carroça e cavalo, viajando uns 25 km até a pequena cidade de Lübtheen. Lá minha mãe encontrou um hotel para o pernoite, no qual esperaríamos a chegada de seu cúmplice na manhã seguinte.

Não tenho a menor ideia de como meu pai conseguiu documentos para atravessar da zona americana para o território controlado pelos soviéticos; também não consigo entender como ele conseguiu o carro em que nós quatro nos juntamos na manhã seguinte. Só sei que a viagem de 30 km, com vista para a cidade de Ludwigslust, a leste, seria as últimas horas que passaríamos juntos como uma família.

O motivo de irmos tão longe na direção leste nos esperava na estação de Ludwigslust. Tanto a plataforma quanto o trem que nos levaria de volta para Magdeburgo – finalmente para o oeste – deviam estar muito cheios. Naquele verão, mais de dez milhões de refugiados e ex-prisioneiros de guerra estavam em movimento constante; muitos, como nós, tentavam desesperadamente encontrar uma saída da zona soviética. Repetindo, é impossível saber como conseguimos aquelas preciosas passagens de trem; o diário de minha mãe diz apenas que meu pai teve de colocar Dietmar e eu nos braços dela pela janela do trem. Do mesmo modo, ela não menciona o fato de termos viajado sem ele, que ficara na plataforma, despedindo-se com um aceno tímido e solitário para a esposa e os filhos – é o que gosto de imaginar.

Magdeburgo ficava mais de 150 km ao sul, e a jornada de trem durou o dia todo. Chegamos no início da noite, provavelmente exaustos e famintos. Encontrar algo para comer não seria nada fácil; Magdeburgo tinha sido bombardeada em 1945, e no momento em que chegamos ainda era uma cidade de ruínas e destruição. E, embora ficasse na zona soviética, lá nossos cartões de racionamento não valiam de nada. Sozinha com duas crianças pequenas numa cidade estranha e devastada, minha mãe escolheu a única opção disponível: encontrou um negociante do mercado negro e pagou 60 marcos por alguns pedaços de pão.

Não há nenhuma informação no diário da minha mãe sobre onde passamos a noite. No caos que estava Magdeburgo, parece improvável termos encontrado um hotel; no caderno ela diz apenas que passamos o dia todo na cidade e à noite mudamos de acomodação para ficarmos mais perto da próxima fase do nosso caminho para a liberdade.

Primeiro tivemos de pegar um trem para sair de Magdeburgo, seguindo ao norte até o vilarejo de Gehrendorf. Ali, o rio Aller era a fronteira entre o lado oriental e o lado ocidental. Do outro lado ficava a aldeia de Bahrdorf, na segurança da zona britânica. Tudo que havia entre nós e o refúgio buscado eram as águas plácidas do Aller.

No entanto, não havia bote nem ponte; só era possível atravessar a vau. E foi isso que fizemos.

Quanto tempo demorou? Não deve ter sido muito, pois o Aller não é um rio tão largo mesmo quando cheio e, no auge do verão, provavelmente estava raso. No entanto, o que seria uma travessia tranquila para uma mulher saudável sozinha, deve ter sido muito mais desafiadora para uma jovem apreensiva, carregando duas crianças pequenas no calor dos dias mais quentes do ano. Será que olhou para trás repetidas vezes, na esperança de não ser vista pelos guardas de fronteira do Exército Vermelho, rezando para que eu e Dietmar não começássemos a chorar, o que teria revelado nossa posição vulnerável?

O que sei de fato é o que minha mãe deixou escrito no caderno: *"A temperatura está altíssima. Ingrid é muito corajosa e termina a travessia extenuante sem reclamar."*

Finalmente alcançamos a segurança do outro lado. Escalamos a margem rastejando e, depois de uma longa caminhada pelo território fronteiriço, chegamos à zona de ocupação britânica. Escapamos. Estávamos livres.

Minha mãe não tinha como saber, mas nós fugimos na hora certa – embora, dada a urgência e a determinação que transparecem em seu curto relato da nossa jornada do lado oriental ao ocidental, ela deve ter sentido que a Cortina de Ferro tinha começado a baixar. Em setembro de 1947, as fronteiras entre a zona soviética e seus antigos aliados ocidentais já estavam fortemente vigiadas por um novo influxo de tropas do NKVD; não demoraria para que os soldados recebessem a ordem de atirar sem piedade nas pessoas que porventura tentassem escapar.

Como pareceu a liberdade para Gisela von Oelhafen naquela noite de verão? O que significou para ela ter chegado em segurança depois de dois anos de ocupação soviética e livrado os filhos da ameaçadora mão de ferro de Moscou? Eu realizaria um sonho se pudesse perguntar isso a ela.

Depois de um dia duro de viagem – mas em segurança –, chegamos a Wünsdorf, uma cidadezinha a oeste de Hanover, a penúltima parada da viagem de minha mãe até a casa de sua família em Hamburgo. Digo "viagem de minha mãe" porque ela faria o último trecho sozinha. No diário – curta e glacial como nunca –, ela registrou o destino diferente atribuído a mim e Dietmar: "*4 de julho: Para Loccum, abrigo infantil*".

Ela havia tirado Dietmar e eu da zona soviética e nos levado para o território menos perigoso do setor britânico. Mas esse foi o limite de sua proteção maternal. Tão logo nos deu segurança, nos abandonou aos cuidados de outras pessoas.

Assim, minha segunda noite de liberdade acabou nos arredores de um abrigo para crianças indesejadas. Eu passaria os próximos seis anos – sozinha e isolada – aos cuidados da Igreja. Na verdade, minha nova vida começara exatamente do mesmo jeito que a antiga terminara: fria e apavorante.

ABRIGOS

Mamãe, por favor, me leve embora para sempre. Sinto muita saudade de você, da vovó e da tia Eka.

Carta para minha mãe,
escrita no abrigo infantil

A primeira coisa de que me lembro é uma laranja.

Minha mente tem fragmentos de lembranças anteriores – eu deitada no chão do trem, com frio, mesmo que agasalhada por um cobertor; uma fileira de camas dobráveis num salão imenso e um rato passando nos meus pés –, mas a primeira memória que eu sei ser verdadeira é a da laranja.

Estou sentada numa mesa de jantar comprida, de madeira. Há muita gente por perto, crianças e adultos. Sei que a maioria dos adultos é de homens e mulheres sem-teto que foram convidados para passar o dia; as crianças, no entanto, moram no prédio. Cada pessoa recebe uma bandeja com frutas, incluindo uma única laranja como tratamento especial.

Eu sei o lugar e a época dessa lembrança. O ano era 1947, eu estava quase completando 6 anos. A sala com a mesa comprida ficava no abrigo para onde eu e Dietmar fomos despachados. Era dia de Natal.

O abrigo era dirigido pela Igreja protestante e se chamava Nothelfer, que significa "ajudai-nos em nossa aflição". Havia 65 meninos e meninas morando ali, todos com menos de 10 anos.

Algumas crianças eram deslocadas – haviam perdido os pais durante a guerra ou nas caóticas migrações em massa durante os meses que se sucederam ao conflito. Eu e Dietmar éramos diferentes: tínhamos pais vivos que sabiam onde estávamos, mas, por alguma razão que desconhecíamos, tinham nos entregado aos cuidados de outras pessoas.

Estávamos isolados física e psicologicamente. Nothelfer ficava em Langeoog, uma pequena ilha no mar do Norte, a 10 km da costa da Alemanha e a 200 km de Hamburgo. Não acho que meus pais tivessem a intenção de nos mandar para tão longe: quando chegamos em julho, o abrigo ficava perto de Hanover. Aproximadamente cinco meses depois, no entanto, o local foi fechado e nos transferiram para Langeoog.

Dada sua localização, não surpreende que em Nothelfer fizesse frio. Ainda consigo sentir o vento que levantava a areia da praia comprida, que batia no meu corpo praticamente me esfolando pernas e braços. Mas a frieza emocional cortava mais fundo. O abrigo era dirigido por irmãs de uma ordem religiosa, e muitas vezes a disciplina era dura: punições físicas faziam parte de nossa rotina diária.

Se fôssemos desobedientes, se fizéssemos xixi na cama, se não respeitássemos a regra básica que proibia o prazer infantil de escorregar nas dunas, apanhávamos. Eu me lembro bem claramente de uma turma de meninos e meninas, todos cabisbaixos e sujos, enfileirados na frente da mais brava das irmãs, que batia com uma varinha nas nossas nádegas nuas. Eis a vida nova que levávamos no lado ocidental.

Passamos os quatro anos seguintes em Nothelfer. De tempos em tempos, nossos pais apareciam na ilha para nos visitar; mas as visitas eram raras, e eles nunca estavam juntos. Meu pai, nessa época, tinha se mudado da zona ocupada pelos Estados Unidos para o setor britânico e construía uma casa nova no balneário de Bad Salzuflen, na Vestfália. Ele e minha mãe estavam separados, mas não divorciados (o que nunca aconteceria). De vez em quando, eles passavam um tempo juntos – geralmente quando eu e Dietmar tínhamos permissão para visitar um deles –, mas minha mãe havia começado uma vida nova em Hamburgo.

Logo depois de nos mandar para Nothelfer, ela voltou para a casa da família num bairro de luxo. A casa, na Blumenstrasse, número 39, tinha três andares, porão e jardins amplos que se estendiam até a Rondeelteich, uma das lagoas no coração de Hamburgo onde as pessoas iam passear de barco, velejar e nadar. Lá ela morava com a mãe, minha tia Eka e uma governanta, que cuidava da casa e cozinhava.

No começo, elas dividiam a casa com oficiais britânicos que se hospedaram lá no fim da guerra. Aparentemente, a presença deles foi o motivo de sermos mandados para o abrigo; segundo minha mãe, não havia espaço suficiente para todo mundo.

Sendo verdade ou não (uma vez que a situação não mudou quando os soldados foram embora), nossa ausência permitiu que ela começasse uma vida nova, sem o ônus de um marido ou de duas crianças pequenas. Ela se matriculou na faculdade e começou a estudar Fisioterapia; depois de se formar, transformou em consultório um dos cômodos do primeiro andar, onde atendia uma quantidade crescente de pacientes.

Além disso, ela aproveitou sua condição de solteira para encontrar um namorado. Nem eu, nem Dietmar conhecemos esse homem, mas em dois anos ela deu à luz um menino a quem chamou de Hubertus. Ele não era filho do meu pai, mas foi registrado formalmente como um Von Oelhafen.

Com toda honestidade, não posso afirmar que as visitas do meu pai tinham grande importância para nós, tampouco sei dizer se nossa falta de interesse era motivada pela idade dele ou por seu jeito formal e disciplinar. Mas me lembro perfeitamente de como era triste viver longe da minha mãe – me lembro da dor de perdê-la a cada visita. A saudade era horrível.

Anos depois, encontrei entre seus pertences uma pequena carta de uma das irmãs mais gentis que dirigiam o abrigo.

> *Estimada senhora,*
>
> *Gostaria de acrescentar algumas frases à carta que Ingrid lhe escreveu. Comecei a me preocupar com ela há algumas semanas. Ela sente uma saudade profunda da "Mamãe". Todos os dias fala na "Mamãe", ou pergunta: "A senhora me permite visitar a Mamãe? Eu queria muito vê-la. Tia Emi, a senhora acha que poderei sair da ilha e ficar um pouco com a Mamãe?".*
>
> *Ingrid está comendo muito pouco e se sente infeliz. Em minha opinião, o motivo dessa calamidade é a falta que sente da Mamãe.*
>
> *Nos estudos, Ingrid é uma das melhores. Ela se esforça bastante. De modo geral, é uma menina adorável.*
>
> *Sinto que é meu dever lhe informar sobre isso.*
>
> *Saudações cordiais*
>
> Schwester [Irmã] Emi

Jamais descobri se minha mãe respondeu a essa carta. Não me lembro se ela respondia às cartas que eu lhe enviava – pelo menos algumas ela guardou. Junto com a carta da irmã Emi, encontrei uma outra sem data, rabiscada com minha letra infantil depois de uma brevíssima visita que fiz a ela.

> *Querida mamãe,*
>
> *Muito obrigada pelo pacote. Vou escrever só um pouco hoje. Mamãe, por favor, me leve embora para sempre. Sinto muita saudade de você, da vovó e da tia Eka. Eu sempre choro se alguém fala de você ou se penso em você. Não consegui comer na viagem [de volta para Langeoog]. Continuo com o chocolate e os dois marcos.*

> *Por favor, escreva o mais rápido que puder para as autoridades e diga que posso sair da ilha. Christa [outra menina do abrigo] vai sair daqui este mês ou no próximo. Mas eu quero ir embora este mês!*
>
> *Dietmar me disse que ganhou um monte de frutas e doces. Ele me provoca muito e pergunta: "Por que você não ficou em Hamburgo?". Quero tanto sair daqui. Mamãe, por favor, dê um jeito de eu ir embora. Christa me disse que também chorava muito quando se separava dos pais.*
>
> *Muitos beijos e abraços de Ingrid. Não escreva para o Papai contando que escrevi esta carta. Mamãe, minha querida Mamãe, por favor, venha me buscar.*

Ela nunca foi. E até as anotações curtas e esporádicas que ela fazia, supostamente para mim, no pequeno diário cessaram de modo abrupto em meados de 1949.

Eu tinha 10 anos quando saí de Langeoog de uma vez por todas, em 1952. Eu havia passado nas provas para a *Mittelschule*, os últimos anos do ensino fundamental, e tinha a forte esperança de que finalmente poderia morar com minha mãe em Hamburgo. Não era para ser. Meu pai mandou buscar a mim e Dietmar; nós dois moraríamos em sua nova casa em Bad Salzuflen.

A essa altura, Hermann von Oelhafen tinha 68 anos, amargurava a perda da esposa, sofria com uma saúde debilitada e não tinha o menor preparo para cuidar de crianças que ele mal conhecia. Ele tinha convivido durante pouquíssimos meses conosco, embora eu tivesse 10 anos e Dietmar, 9. Com certeza, era um pouco tarde demais para começar a ser pai.

Acho que hoje sei por que Hermann nos levou para Bad Salzuflen. Acho que meu pai ainda amava Gisela e esperava que, de algum modo, ela voltasse para ele por causa de nós. Talvez ele esperasse que, apesar da sabida relação de Gisela com outro homem – e do filho dos dois –, eu e Dietmar pudéssemos remendar o casamento falido.

Mas ele haveria de se decepcionar nesse aspecto, bem como em muitos outros. Minha mãe nos visitava de vez em quando, mas nem cogitava uma reconciliação. A casa ficava na Akazienstrasse, e, embora não fosse grandiosa, havia um quarto de hóspedes exclusivo para Gisela.

Nossa vida foi péssima desde o momento que colocamos os pés em Bad Salzuflen. Dietmar era uma criança agitada e difícil, mas não necessariamente malcriada. Hoje talvez fosse diagnosticado com transtorno de déficit de atenção com hiperatividade. É claro que ele e Hermann mediam forças um com o outro. Dietmar tinha o hábito de chegar atrasado em casa depois que saía da escola, mesmo que não demonstrasse nenhuma vontade de estudar lá, e Hermann, que tinha o pavio curto até nas situações mais simples, não tinha simpatia ou paciência para lidar com um menino irritativo. Não demorou para que começasse a bater em Dietmar.

Era assustador presenciar essas cenas: uma vez, por exemplo, ele jogou Dietmar do outro lado da sala. Mas Dietmar não tinha medo dele. Eu, ao contrário, ficava apavorada: ainda que meu pai nunca me batesse, eu o temia. Acabei criando uma dependência: quando queria fazer alguma coisa, por menor que fosse, era Dietmar quem pedia permissão a Hermann. Um dia, por exemplo, nós queríamos nadar, mas eu não tive coragem de pedir. Dietmar não hesitou em pedir permissão no meu lugar, e a conseguiu, mas isso não mudou nada para mim. Eu ainda tinha medo demais para conseguir falar com meu pai.

Até que Dietmar foi levado embora.

Alguém – supostamente da Secretaria de Assistência Social – decidiu que Dietmar não poderia mais morar conosco, uma vez que Hermann não vivia mais com a esposa e não havia mulher na casa.

Essa decisão tinha vários aspectos estranhos. Para começar, só dizia respeito a Dietmar: embora ele fosse menos de um ano mais novo do que eu, parece que as autoridades não acreditavam que eu precisava ser afastada dos cuidados do meu pai. E a razão "oficial" dessa discrepância era que o casal de meia-idade que vivia conosco – Emmi e Karl Harte, a governanta e cozinheira e o faz-tudo – cuidaria de mim. Mas ninguém explicou por que o cuidado dos funcionários de Hermann era bom o suficiente para mim e não para Dietmar.

Mais confusa ainda foi a revelação de que Dietmar tinha uma família totalmente diferente da nossa em Munique. Se eu fosse mais velha, teria percebido, é claro, que os nove meses entre o meu nascimento e o dele significavam que não poderíamos ter a mesma mãe. Mas, mesmo que eu fosse crescida o suficiente para entender esse fato elementar da vida, eu não teria percebido que o menino que eu sempre chamei de irmão tinha, na verdade, sido acolhido pelos meus pais.

E assim descobri que Dietmar tinha um tio, uma tia e uma irmã – todos parentes de sangue –, que, ao que parecia, estiveram procurando por ele. Não me lembro de alguém ter explicado por que ele tinha ido morar conosco e não com eles; um dia, ele simplesmente foi levado de Bad Salzuflen. Como depois descobrimos, ele nunca regressou para sua família há tanto tempo perdida: em vez disso, foi colocado aos cuidados de outro abrigo infantil. Agora eu estava sozinha (exceto pelos Harte) na casa do meu pai e, se pudermos nos basear nas cartas que eu enviava para Gisela, absolutamente apavorada.

22 de junho de 1952

Querida Mamãe!

Por favor, me envie alguns envelopes selados. Por favor, Mamãe, venha me pegar essa semana e me leve para Hamburgo, não sou capaz de ficar mais tempo com o Papai. O medo que sinto dele é ainda maior. Ele me repreendeu outro dia só porque chorei por sua causa. Agora choro todos os dias.

Querida Mamãe, por favor, venha me pegar agora, não posso mais ficar aqui com o Papai. Ou venha morar aqui para sempre. Mas o "Tio Harte" diz que você também tem medo do Papai. Mamãe, talvez você possa mandar os selos para o "Tio Harte", mas não conte para o Papai que eu escrevi para você.

Mamãe, podemos nos organizar assim: você vem e me leva embora para sempre, depois explica para o Papai que escreveu para Munique [Secretaria de Assistência Social] pedindo permissão para que eu morasse com você. Diga que não levou a carta, mas que promete enviá-la quando chegar a Hamburgo.

Em Hamburgo, escreverei uma carta à máquina e a mandarei para o Papai, fingindo que era de alguém de Munique. Eu quero muito ver você ainda esta semana, por favor, venha me pegar o mais rápido que puder. Hoje chorei de novo porque estava pensando em você. Não tenho vontade de brincar porque você não está aqui. Me pegue dia 25 de junho. Beijos e abraços de Ingrid. Por favor, me pegue dia 25. Por favor, Mãezinha.

Os apelos foram ignorados. Embora minha mãe continuasse aparecendo para visitas curtas, ela nunca me levava consigo. Se meu pai a proibia de me tirar de lá ou ela não queria que eu morasse consigo, o resultado era o mesmo: eu estava efetivamente aprisionada na casa em Bad Salzuflen com um velho cada vez mais amargo e avarento.

Mesmo tendo apenas 10 anos, eu sabia que a condição financeira do meu pai era mais baixa que a da minha mãe. Ele recebia uma pensão do governo da nova Alemanha Ocidental, uma recompensa pelos anos que passou servindo tanto ao Kaiser quanto ao Reich como oficial do Exército.

Mas isso não parecia suficiente para pagar a assinatura de um jornal diário, por exemplo. Ele ia até a cidade para ler, de pé, a edição matinal que sempre ficava presa na janela das redações. De vez em quando, ele me deixava ir junto.

A saúde de Hermann não era nada boa. Ele sofria de epilepsia havia muitos anos (condição que ele aparentemente escondeu de Gisela quando a pediu em casamento), e agora a doença não parava de se agravar.

Embora eu nunca o tivesse visto convulsionar, seus ataques o deixavam "ausente" – completamente preso em si mesmo. Não havia como se comunicar com ele, e seu comportamento era estranho e assustador. De vez em quando ele pegava uma faca e a sacudia no ar sem nenhum controle. Uma vez ele foi hospitalizado, e, durante sua ausência, *Frau* Harte foi mais generosa do que ele ao me servir geleia no café da manhã. Quando voltou para casa, Hermann viu que o pote estava mais vazio do que devia e ficou furioso. Fui punida por minha gula e fiquei uma semana sem geleia.

A escola se tornou meu refúgio. Eu tinha colegas cujos pais, talvez percebendo como eu era infeliz em casa, eram gentis e amáveis comigo. Eu adorava passar o tempo com eles, desejando um dia também fazer parte de uma verdadeira família. Até que, aos 11 anos, descobri que eu não era quem pensava ser.

Acordei de manhã e não consegui abrir os olhos. Meu pai me levou ao médico.

Ficamos sentados na recepção, esperando minha vez. "Erika Matko", disse o médico, chamando meu nome, ao que meu pai se levantou e me conduziu até o consultório. Quando ele entregou o cartão do meu seguro-saúde para o médico, vi que o nome Erika Matko estava impresso nele.

Por que será que me chamavam de um nome diferente? Não tive coragem de falar nada para o médico ou para o meu pai. Ainda tinha muito medo dele para questionar qualquer coisa. No final da consulta, o doutor prescreveu banhos de luz ultravioleta – tratamento bastante comum na época para deficiência vitamínica (a origem da minha provavelmente estava nos anos que passei no abrigo em Langeoog) – e voltamos para casa. Nada se disse sobre o estranho caso do meu nome diferente, mas nunca esqueci.

Pouco tempo depois, tive uma conversa com *Frau* Harte. Nossa rotina de sexta-feira era limparmos juntas a casa, e eu podia falar livremente qualquer coisa que me passasse pela cabeça. Para mim, foi o mais próximo que cheguei de uma relação com um adulto. Enquanto políamos alguns objetos, perguntei se ela sabia por que meu nome estava escrito como Erika Matko.

Emmi me disse que Hermann e Gisela não eram meus pais biológicos. Eles me pegaram para criar quando eu ainda era bebê, assim como Dietmar, e meu nome verdadeiro era Erika Matko. Emmi não ficou constrangida em me dizer que eu era filha de criação. A guerra havia fraturado tantas famílias e deixado tantas crianças sem os pais que nossa situação não tinha nada de incomum.

Não me lembro de ficar magoada por descobrir a verdade sobre mim mesma. Eu não era próxima de Hermann, e acho que absorvi a informação concluindo que ela explicava a frieza dele comigo e também o motivo de eu não poder morar com Gisela.

Mas é claro que eu me perguntava sobre minha origem. Tomei por certo que meus pais verdadeiros eram alemães – nunca me ocorreu pensar de outra maneira – e especulei sobre o que teria acontecido com eles. Talvez estivessem na prisão; talvez tivessem morrido na guerra. Emmi disse que eu devia ser originalmente judia por causa do meu nariz saliente. Mas, embora meu pai tivesse lhe dito que eu era filha de criação, ela não sabia mais nada além disso. Todo o resto era mera especulação.

Por razões óbvias, eu nunca disse nada a Hermann. Também não perguntei nada para Gisela quando ela voltou para me visitar. Mas Hermann deve ter lhe contado que fomos ao médico, então imagino que ela tenha se sentido na obrigação de falar alguma coisa. Ela começou a me contar que eu era filha de criação, que havia me tirado de um abrigo, mas eu a interrompi dizendo: "Eu sei". Não consigo entender por que a interrompi; talvez tenha sido meu modo infantil de mostrar que era tarde demais, que eu estava magoada por ela ter escondido a verdade de mim. Nunca mais tocamos no assunto.

A única pessoa com quem eu teria gostado de falar era Dietmar. Nós nos aproximamos no abrigo e nos poucos meses que passamos juntos na casa de Hermann. Mas alguém o levara embora e eu não tinha como contatá-lo. Não tinha sequer um endereço para mandar uma carta.

A vida continuou como antes. Toda manhã eu ia para a escola – onde era registrada e conhecida como Ingrid von Oelhafen – e voltava à tarde para a casa em Bad Salzuflen que eu dividia com o homem que não era meu pai biológico, o homem que eu ainda temia.

Durante os dois anos seguintes, a saúde de Hermann continuou piorando, e quase sempre ele ainda estava na cama quando eu saía para a escola. Eu entrava no quarto para desejar bom-dia, mas na verdade estava cumprindo apenas com meus deveres de boa filha.

Então, numa manhã de abril de 1954, quase no fim da primavera, já chegando perto das longas férias de verão, eu me despedi dele

Ingrid
aos 11 anos
em Bad Salzuflen.

como sempre fazia. Notei que ele parecia um pouco desorientado quando saí, mas não disse nada para Emmi e Karl Harte, porque imaginei que fosse só mais um sintoma da doença. No entanto, quando voltei da escola, ele estava muito mal; estava claro que havia tido um derrame. Meu pai – meu pai de criação, como hoje sei – foi levado para o hospital e morreu duas semanas depois.

Devo admitir que não fiquei triste. Fiquei feliz por me livrar dele e de suas atitudes severas e imperdoáveis. E concluí que finalmente eu poderia morar com Gisela em Hamburgo. O que me magoou foi a reação de Emmi e Karl: eles me repreenderam duramente por eu não lhes ter dito nada sobre a condição de Hermann naquela manhã.

Minhas grandes esperanças de uma nova vida com minha mãe – eu ainda pensava nela como "Mamãe" nessa época, mesmo sabendo que não era sua filha "verdadeira" – não se realizaram; não imediatamente, pelo menos. Gisela estava ocupada demais com seu próspero consultório de fisioterapia e com o filho de 5 anos, Hubertus.

Durante seis longos meses, continuei morando na casa de Hermann, sendo cuidada pelos Harte. Foi somente em outubro de 1954 que me mandaram para Hamburgo. Nessa época, parecia que a estranha história de Erika Matko e minha verdadeira identidade haviam sido esquecidas.

IDENTIDADE

A identidade perdida de toda criança é o Problema Social do momento no continente europeu.

Memorando interno da
Organização Internacional de Refugiados,
maio de 1949

Aos 15 anos de idade, vi meu rosto num cartaz afixado na rua.

Uma década depois do fim da guerra e sete anos depois da formação de nossa república federal, a Alemanha ainda era uma nação de crianças deslocadas, que não haviam sido procuradas pelas famílias de origem. Agências da ONU passaram esses anos todos procurando por toda a Europa quase dois milhões de meninos e meninas separados dos pais por bombardeios, serviço militar, evacuação, deportação, trabalho forçado, limpeza étnica ou assassinato. Em 1956, as agências só haviam encontrado o rastro de 343 mil crianças.

A Cruz Vermelha concluiu que uma das formas de procurar as crianças que teriam sido levadas para a Alemanha durante a guerra seria publicando nos jornais fotografias delas tal como eram na época do deslocamento. Embaixo do rosto e do nome de todas elas, o seguinte título: QUEM CONHECE NOSSOS PAIS E NOSSA ORIGEM? As agências também afixaram grandes cartazes em colunas e postes de toda a Alemanha Ocidental. Foi num desses cartazes, no centro de Hamburgo, que vi meu rosto de criança olhando de volta para mim.

Foi um choque, para dizer o mínimo. Eu não tinha a menor ideia de que alguém procurava por mim ou de como tinham conseguido minha foto. Só pude concluir que Gisela havia entregado alguma foto para as autoridades, embora ninguém tivesse se preocupado em me contar.

Eu já morava havia dois anos na casa da Blumenstrasse, em Hamburgo. Nesses dois anos, meus sonhos de uma família feliz se mostraram nada mais do que uma fantasia infantil. Eu havia passado metade da vida desejando estar com a minha mãe, ansiando por me sentir amada e cuidada. Quando vi minha fotografia no cartaz, a realidade apareceu – e me colocou no devido lugar.

Eu sabia, é claro, que Gisela não era minha verdadeira mãe, que eu tinha sido acolhida – como um cuco que, de algum modo, foi parar no ninho de outra mãe –, mas não tinha a menor ideia de quando, como ou por que ela e Hermann haviam me acolhido, por isso fazia questão de não pensar no assunto. Eu queria muito me apegar à crença de que eu pertencia a Gisela e sua família.

No entanto, era impossível ficar imune ao jeito como Gisela me tratava. Ela não era cruel – jamais eu a chamaria assim. Mas comigo sua frieza era transparente, tanto emocional quanto fisicamente.

O contraste com suas outras relações era imenso. Profissionalmente, ela era uma fisioterapeuta de extremo sucesso: seus pacientes claramente a amavam e ela correspondia ao afeto que recebia deles. E também era cordial com os parentes: a mãe, a irmã Eka (tia Eka, em quem eu buscava, cada vez mais, amor e compreensão) e o filho. Hubertus era oito anos mais novo que eu, um garoto muito bonito que, ao contrário de mim naquela idade, falava bem e com fluência. Seria muito fácil não gostar dele – afinal, ele era filho biológico de Gisela e, quando me deixaram ir para a casa em Hamburgo, ele já morava lá havia seis meses. Gisela parecia capaz de demonstrar amor por quase todo mundo, menos por mim – mas, embora eu ressentisse esse fato, acabei gostando muito de Hubertus e desenvolvemos um vínculo bastante forte.

Mas isso não era suficiente. A adolescência é sempre um período difícil, principalmente para as meninas, eu acho. O período crucial entre os 13 e os 15 anos costuma ser cheio de inseguranças e incertezas, uma idade em que é muito fácil criticar os adultos. Na Alemanha de 1956, contudo, essa confusão própria da adolescência foi exacerbada pela crise nacional.

Os nazistas e a guerra haviam rompido os vínculos da vida familiar na Alemanha do mesmo modo que as bombas e os canhões tinham destruído casas, pontes e estradas alemãs.

Além de criar uma imensa população de órfãos, as desesperadas batalhas finais de Hitler tornaram indistintos os limites entre infância e idade adulta ao envolver meninos em uma luta condenada ao fracasso.

Nos anos que se seguiram à guerra, um exército internacional de psicólogos e assistentes sociais foi convocado para tratar dos problemas que afetariam a próxima geração da Alemanha. Homens e mulheres da Administração das Nações Unidas para Assistência e Reabilitação (UNRRA) e de sua sucessora, a Organização Internacional de Refugiados (IRO), reconheceram que muitos adolescentes do final da década de 1940 e início da de 1950 estavam crescendo sem a segurança emocional de que precisavam – tanto individualmente quanto como parte de uma nova nação que estava surgindo. Um memorando interno da IRO, escrito em maio de 1949, chamou a atenção para a crise usando termos claros e diretos: *"A identidade perdida de cada criança é o Problema Social do momento no continente europeu..."*. Desse modo, enquanto o secretário de Estado americano, George Marshall, punha em ação um vasto plano econômico para reconstruir a infraestrutura e a economia dilaceradas da Alemanha (e do restante da Europa), a UNRRA e a IRO executavam o que chamaram de "Plano Marshall psicológico" para suas crianças.

Primeiro, eles tinham de nos identificar. Junto com os cartazes, propagandas de rádio instruíam crianças adotadas de outros países a procurar o Centro de Administração da Juventude mais próximo. Como isso nos afetaria? Eu não sabia naquela época o que Gisela havia feito – somente décadas depois descobri que ela tinha se encontrado com os investigadores sem me dizer nada. Mas, quando me deparei com a minha foto naquele cartaz, senti emoções conflitantes.

É claro que eu me perguntava quem seriam meus verdadeiros pais. Talvez meu pai, assim como Hermann, tivesse ido para a guerra como oficial da Wehrmacht, me deixando com uma mãe que não me queria ou que não poderia cuidar sozinha de um bebê. Esses eram meus pensamentos racionais. Por trás deles, no entanto, eu sentia a tortura da esperança e do medo. Esperança de que minha mãe biológica visse o cartaz, viesse atrás de mim e me levasse embora. Medo porque me preocupava o tipo de mulher que ela poderia ser caso um dia aparecesse de verdade. Talvez ela fosse pior do que Gisela; talvez nem viesse a gostar de mim. Mas essas sensações eram oscilantes, então foi mais fácil tirá-las da cabeça do que perder tempo com elas. Mesmo que eu não estivesse feliz e soubesse que os Von Oelhafen e os Andersen não eram meus parentes de sangue, apeguei-me à crença de que, de alguma maneira, eu pertencia a eles.

Não parece estranho nunca termos falado do mistério sobre quem sou e de onde venho? Talvez. Naquele momento, era simples: eu não tinha uma relação de intimidade suficiente com Gisela para lhe fazer perguntas complicadas. Demoraria muito tempo para eu entender que ela deve ter tido razões muito boas para querer deixar o passado para trás, sozinho e intocado.

Qualquer que tenha sido a razão, ninguém nunca tocou no assunto; para todos os propósitos, eu era Ingrid von Oelhafen, meu nome de matrícula na escola. Mas eu não tinha a carteira de identidade nova, que começou a ser emitida pelo governo federal a partir de

1951, e, como eu era criança, ninguém parou para pensar se eu precisaria de uma antes de atingir a maioridade legal: 21 anos, na época.

Mas isso mudou. O problema da minha identidade apareceu mais cedo que o esperado. Eu não estava indo bem na escola: as disciplinas formais – especialmente Matemática – não eram meu ponto forte. Decidi que queria seguir carreira como enfermeira pediátrica ou veterinária, mas Gisela tinha outras ideias. Embora os testes que ela me pediu para fazer mostrassem minha capacidade para obter boas notas nas provas classificatórias para a universidade, Gisela queria que eu ganhasse dinheiro o mais rápido possível. Assim, ficou resolvido que eu deixaria a escola aos 16 anos.

Não fiquei feliz com a decisão e me convenci de que minha ilegitimidade como filha estava por trás de tudo. Mas não pedi para Gisela mudar de ideia. Na verdade, eu fazia questão de nunca pedir nada a Gisela porque tinha medo ouvir um "não". Pensando nisso agora, acho que minha atitude escondia uma autoproteção originada na época em que implorei em vão para que ela me levasse embora da casa de Hermann.

A intenção de Gisela era que eu me formasse como fisioterapeuta e atendesse em seu consultório no futuro. Mas eu só poderia entrar na faculdade dali a dois anos. Eu continuava sem saber por que me tiraram tão cedo da escola, mas, como solução provisória, fui morar com o filho de um amigo da mãe de Gisela, dono de uma propriedade agrícola perto do lago Constança, na fronteira entre Alemanha, Suíça e Áustria.

Lá eu deveria aprender a cuidar de uma casa. A propriedade ficava num vilarejo chamado Heiligenhaus; era longe e minúsculo, tendo apenas três ou quatro casas por perto. Durante as primeiras quatro semanas, chorei todas as noites pela saudade que sentia de casa. Aos poucos, no entanto, me acalmei. O agricultor tinha seis filhas, e as duas mais jovens, com 9 e 14 anos, tornaram-se minhas amigas. A esposa dele era gentil e afetuosa, como eu imaginava que uma mãe deveria ser. Morei 11 meses com eles e, embora eu não tenha realmente aprendido a executar tarefas domésticas – meus deveres se resumiam basicamente a lavar louça e ajudar no campo –, eles eram muito bons comigo e sem querer obrigaram Gisela a resolver minha falta de documentos oficiais.

Em determinado momento da minha estada, a família quis viajar de férias para a Suíça. Mas eu não tinha os documentos necessários – carteira de identidade, passaporte, certidão de nascimento – para atravessar a fronteira. O único documento que todo mundo parecia guardar para mim era a carteirinha do meu seguro-saúde: nela, no entanto, constava o nome da misteriosa Erika Matko.

Em 1957, as crianças podiam ser incluídas nos documentos dos pais. Diante da perspectiva de ser obrigado a me deixar para trás (ou de abandonar totalmente as férias planejadas), o agricultor me levou como uma de suas filhas. Na ida e na volta, atravessamos a fronteira sem nenhum problema.

Mas isso os motivou a escrever para Gisela e insistir para que ela resolvesse a questão dos meus documentos – e o principal motivo era que, em pouquíssimo tempo, eu seria enviada para um lugar onde o controle de fronteira era mais rigoroso.

Ainda faltava quase um ano para eu começar minha formação em Fisioterapia. Em vez de voltar para Hamburgo, resolveram que eu iria para a Inglaterra trabalhar como *au pair*. Eu precisaria de um passaporte.

Nunca soube o que Gisela fez. Eu não vi passaporte em meu nome e, pensando no que aconteceu depois, tenho certeza de que nenhum foi emitido. No entanto, ela deve ter providenciado outro tipo de documentação, pois consegui seguir a longa jornada – sozinha, de novo – até um pequeno vilarejo em Hertfordshire, 50 km ao norte de Londres.

A família com a qual eu iria morar era nitidamente rica. O pai era banqueiro e viajava todos os dias a Londres. A esposa era muito mais jovem e passava a maior parte do tempo com os cavalos da família.

Dos quatro filhos, dois estavam em Gordonstoun – o famoso internato onde o príncipe Charles estudou. O terceiro filho, um menino

IDENTIDADE

de 8 anos, juntou-se aos outros dois pouco tempo depois que cheguei, deixando-me apenas com a irmã de 5 anos, de quem eu deveria cuidar. Passei seis meses na mansão e adorei a experiência, do início ao fim. O casal me tratava muito bem; eu tinha um quarto adorável, com banheiro privativo, e eles me faziam sentir parte da família.

Olhando agora para trás, acho que na época não percebi a ironia de encontrar na terra do antigo inimigo do meu país o afeto e o carinho que tanto desejei em casa. Eu tinha apenas 17 anos e não era tão versada em História quanto me tornei depois. Voltei para Hamburgo com memórias felizes.

Eu não soube de nada, mas, enquanto estive fora, o problema da minha identidade apareceu de novo, dessa vez em caráter de urgência. O início do meu curso de Fisioterapia estava quase chegando, e a universidade precisava da minha certidão de nascimento para me matricular como aluna. Concluí que Gisela estava resolvendo a questão de alguma maneira. (Demoraria anos para eu descobrir o turbilhão de cartas entre várias autoridades do governo local falando sobre mim – e, nelas, as primeiras pistas de minhas origens.) Mas acho que quaisquer coisas que ela contou sobre mim às autoridades não eram totalmente verdadeiras.

Minha nova certidão de nascimento – com data de 1959, a primeira vez que minha existência era formalmente registrada – estava em nome de Erika Matko. Foi emitida pelo Standesamt I, em Berlim, o cartório federal criado com o objetivo específico de emitir documentos de pessoas que chegavam à Alemanha (de forma voluntária ou forçada) vindas principalmente do Leste e que não tinham documentos. Curiosamente, no entanto, a certidão registrava meu local de nascimento como St. Sauerbrunn, na Áustria. Muitos anos depois, esse registro se tornaria um obstáculo na busca pela minha verdadeira identidade.

Apesar da minha certidão de nascimento, continuei insistindo em ser Ingrid von Oelhafen. Era o nome que me representava, e foi com ele que meus amigos na universidade me conheceram. Para a diretoria, no entanto, eu era outra pessoa: eles me registraram com o nome de Erika Matko – o mesmo que apareceria no meu diploma três anos depois, quando me formei aos 21. Pedi para a universidade mudar o registro para Ingrid von Oelhafen, mas eles negaram: sem documentos oficiais que provassem que eu era Ingrid, a administração só podia me tomar como Erika.

Estávamos em 1962 – eu era uma adulta prestes a entrar no mundo do trabalho (além de pagar impostos e contribuir com a previdência social) pela primeira vez. Meu primeiro emprego foi num instituto na Floresta Negra. Eu já estava bastante acostumada a ficar longe de casa; não havia morado de fato com Gisela desde que saíra da escola. E me descobri desfrutando totalmente da vida nova que eu levava longe dela e sem os problemas que antes incomodavam minha existência em Hamburgo. Mas tudo que é bom dura pouco.

No meu último ano de formação, pouco antes do meu aniversário de 21 anos, Gisela sofreu um grave acidente. Ela caiu da escada e passou seis meses em coma. Quando despertou, no entanto, estava tão debilitada que passou mais um ano no hospital. Minha avó e tia Eka cuidaram de tudo nesse período, mas, quando Gisela teve alta, elas precisaram de mim. Com certo pesar, larguei meu emprego na Floresta Negra e voltei para Hamburgo.

Gisela estava com 49 anos – relativamente jovem, mãe de um rapaz, mas agora gravemente debilitada. A queda lhe causara danos cerebrais, e ela não conseguia andar. Não havia perspectiva de que ela reassumisse o seu trabalho de fisioterapeuta; em vez disso, decidiu-se que eu assumiria seu lugar.

Era a última coisa que eu queria fazer. Eu me sentia desconfortável por ocupar o lugar de Gisela e também tive de abandonar meus planos de ir para os Estados Unidos, onde estudaria uma nova técnica. Além disso, não seria fácil lidar com as relações complicadas na família Von Oelhafen.

Voltei a morar no meu antigo quarto da casa na Blumenstrasse. Era um momento difícil; minha avó, tia Eka, Hubertus e eu tivemos de nos ajustar à nova situação – e à condição de Gisela. Era especial-

IDENTIDADE

Ingrid
aos 21 anos
com Hubertus,
filho de sua
mãe de criação.

mente difícil para Hubertus ver a mãe tão debilitada, mas, quando ela reaprendeu a andar no jardim e começou a abrir um ou outro sorriso, a tristeza dele se atenuou.

O maior problema era que Hubertus e Eka não se davam bem, o que muitas vezes gerava discussões. Eu ficava presa entre os dois, porque cada um buscava meu apoio contra o outro. Eu detestava essas situações. Com Gisela também não era fácil. De certa forma, ela era como uma criança, e minha tia tendia a falar com ela como uma professora rígida dirigindo-se a uma aluna rebelde. Minha mãe, é claro, ressentia-se com isso e reagia com teimosia.

Para mim e Hubertus era mais fácil aceitar o jeito dela porque éramos mais jovens. Mas muitas vezes eu me via prejudicada: cresci reforçando em mim o estereótipo da filha de criação, com poucos direitos e uma responsabilidade enorme. Não me parecia correto ou justo, mas eu sabia que minha única escolha era dar continuidade ao trabalho e aproveitar o máximo dele.

Minha relação com Gisela melhorou depois de um tempo, e eu não conseguia me lembrar da última vez que isso tinha acontecido. Não conversávamos muito, mas ela perdeu um pouco da frieza com que me tratava e que tanto me frustrava quando eu era mais nova. Percebi, é claro, o que tinha acontecido: sua incapacidade a amolecera e, como agora ela dependia de mim cada vez mais, deixava transparecer que eu era necessária.

Em outras circunstâncias ou outras famílias, isso teria aberto a porta para uma conversa franca e sem rodeios sobre meu passado e como havia sido acolhida por ela e Hermann.

Mas isso nunca aconteceu. Nunca falávamos de Hermann. E acredito que, depois da morte dele, Gisela, assim como eu (embora por diferentes razões), se sentiu libertada – e, no caso dela, livre do fardo de um casamento fracassado. Talvez, por nunca terem se divorciado, ela se sentisse ligada a Hermann e assombrada pela necessidade de justificar sua recusa de viver com ele.

Ao menos era o que eu achava. Gisela nunca discutiu seu casamento comigo, assim como nunca falou de minhas origens.

IDENTIDADE

A questão sobre quem eu realmente era não tinha desaparecido, é claro. Em meados da década de 1960, decidi resolver o assunto sozinha. Embora eu me identificasse como Ingrid von Oelhafen, oficialmente continuava sendo Erika Matko. Havia chegado a hora de mudar meu nome formalmente.

O processo, no entanto, revelou-se mais difícil do que eu imaginava. Descobri que a lei alemã exigia que eu tivesse permissão da família Von Oelhafen. Mesmo que Gisela estivesse bem o bastante para fazer isso, a lei não a reconhecia como uma Von Oelhafen. Ela adotou esse nome quando casou, e a lei reconhecia como verdadeiros herdeiros da família apenas quem tinha o mesmo sangue. Mais uma vez, a antiga crença alemã na santidade do sangue reapareceria.

Ironicamente, como Hubertus estava registrado com o nome da família Von Oelhafen, embora de fato não fosse filho de Hermann, ele tinha autoridade para me dar essa permissão – mesmo que em teoria. Legalmente, no entanto, ele ainda era jovem demais e não tinha idade para assinar documentos de valor jurídico. Não sei por quê, mas Hubertus tinha um tutor – um advogado, na verdade –, então tive de pedir a esse tutor que defendesse meu caso. Ele acabou concordando, mas com uma ressalva: eu não poderia me chamar Ingrid von Oelhafen por não ter laços de sangue com a família. Desse modo, eu poderia me designar "Ingrid Matko-von Oelhafen" – uma pista para o mundo lá fora de que eu era, de algum modo, um membro inferior do clã. Foi doloroso, mas não havia o que fazer. Assinei os papéis e consegui meu novo nome. A certidão custou cem marcos.

Precisei tirar passaporte mais ou menos na mesma época e fiquei assustada quando vi que as autoridades queriam me classificar como "apátrida". Aparentemente, a questão em aberto sobre onde e em que família eu havia nascido impedia que eu fosse reconhecida como cidadã alemã genuína. Fiquei perplexa. A decisão judicial me fez sentir inútil, como se eu não fosse nada nem ninguém. Também não conseguia entender o fundamento da decisão – afinal, eu pagava impostos havia mais de três anos. Para piorar, a classificação anularia meu direito de votar nas eleições, bem como de viajar livremente para o exterior. Precisei de muitos meses e da ajuda de um advogado amigo de Eka para que o governo cedesse e eu conseguisse um passaporte como cidadã alemã.

Eu não sabia na época, mas, se Gisela estivesse menos incapacitada (ou se tivesse sido honesta comigo anos antes), ela poderia ter me dado um documento que passou mais de vinte anos escondido e teria me poupado de toda aquela formalidade e burocracia. Mas ela não foi honesta e nunca tinha sido – ainda demoraria três décadas para que eu o encontrasse num esconderijo com outros papéis igualmente importantes.

Há poucos acontecimentos daquelas décadas verdadeiramente relevantes para esta história. Passei seis anos na casa de Gisela, em Hamburgo, cuidando do consultório de fisioterapia. Eu não estava muito feliz com a situação; a clientela de Gisela era formada principalmente de pessoas mais velhas, e meus interesses eram outros.

Um dia, apareceu no consultório uma menina de 3 anos que não podia andar; por mais que eu quisesse ajudá-la, não tinha conhecimento para isso. Nesse momento, entendi que queria trabalhar com crianças.

Descobri que na cidade de Insbruque, no Tirol, Áustria, havia um curso de uma nova técnica para ajudar crianças e adolescentes. Eu passaria dez semanas fora de Hamburgo e precisaria de alguém para me substituir com a clientela de Gisela (como, naquele momento, eu ainda considerava). Tia Eka não ficou feliz com minha ausência, mas eu já havia tomado minha decisão.

No final do curso, recebi uma oferta de emprego na equipe da clínica da Universidade de Insbruque. Preocupava-me o que minha tia diria – e o que aconteceria com Gisela –, mas acabei aceitando e passei um ano fazendo o que gostava num lugar onde me sentia confortável.

Foi nessa temporada em Insbruque que me apaixonei. Conheci um rapaz de Osnabruque – cidade perto de Bad Salzuflen, onde eu havia morado com Hermann, e ainda mais perto da casa em Hamburgo. Começamos uma vida juntos em Osnabruque, embora em apartamentos separados.

Nossa relação não durou. Por algum motivo, não era fácil para mim – nem nunca foi – manter relacionamentos com homens. Se tem alguma coisa a ver com minha infância, não sei dizer. Embora eu goste da ideia de me apaixonar, os homens por quem costumo me sentir atraída não sentem o mesmo por mim, e nunca gostei muito dos homens que viam em mim algo de atraente.

Não digo nada disso para despertar sua compaixão; por natureza, nunca me senti confortável com isso e, se nunca conheci a intimidade do casamento ou nunca tive filhos, tive a felicidade de encontrar e manter boas amizades com outras mulheres que sempre me deram suporte.

E também tive a alegria de ajudar muitas e muitas crianças. No início da década de 1970, depois de anos trabalhando em hospitais, montei minha própria clínica de fisioterapia para trabalhar com jovens deficientes. A partir de então, trabalhei seis dias por semana, doze horas por dia, dominada pela necessidade de ajudá-los. Todo ano eu viajava pela Europa, Inglaterra e Estados Unidos, participando de cursos de especialização, ampliando meus conhecimentos e desenvolvendo minhas habilidades. Tive uma carreira longa e gratificante, de uma felicidade imensa.

Mas e Gisela, os Von Oelhafen e os Andersen? E a vida da qual me afastei em Hamburgo, o estranho mistério de meu nascimento e as circunstâncias de minha adoção? Embora eu tenha mantido contato com a família durante a vida toda – e fosse próxima de Eka, em particular –, não voltei a morar com eles e nunca mais trabalhei no consultório de Gisela.

Quando voltei (brevemente) a Hamburgo, os muros que separavam a Alemanha tinham vindo abaixo.

MUROS

Por ser uma criança de linhagem alemã, por ordem do Reichsführer *ela deve ser criada numa família alemã.*
Sturmbannführer Günther Tesch

Às 22h45 de uma quinta-feira, 9 de novembro de 1989, o Muro de Berlim – símbolo mais visível e fortificado da Cortina de Ferro – começou a cair. Eu tinha 48 anos: durante quase meio século, a vida de cada alemão, incluindo a minha, havia sido moldada pela divisão do nosso país entre lado oriental e ocidental.

A divisão tinha sido cruel; talvez o muro que dividia Berlim tenha sido seu símbolo mais visível, mas, para além dele, a Alemanha Oriental tinha reforçado suas fronteiras, mantendo a população presa dentro de um Estado rigidamente ideológico e autoritário. Quem tentava fugir, como Gisela fizera uma vez com Dietmar e eu, encontrava o obstáculo na forma de arame farpado, postos de controle e soldados prontos para cumprir a ordem de atirar em qualquer pessoa que buscasse a própria liberdade. Mais de mil homens, mulheres e crianças morreram – ou foram mortos – tentando escapar da mão de ferro do comunismo.

Até que tudo acabou. Depois de um dia marcado por desordem e boatos, o comandante comunista responsável pelo principal posto de controle de fronteiras no muro que dividia Berlim abriu o portão e ordenou que os guardas deixassem as pessoas transitar de um lado para o outro. Centenas de *ossis* – como eram conhecidos os alemães do lado oriental – atravessaram o muro e foram recebidos pelos berlinenses ocidentais, que os esperavam com flores e champanhe.

Em pouco tempo, uma multidão de *wessis* subiu no muro, onde se juntaram a jovens do lado oriental. Durante horas, as câmeras de TV capturaram imagens das pessoas usando marretas e cinzéis para arrancar pedaços do muro; logo, esses *Mauerspechte* – literalmente, "pica-paus do muro" – demoliram trechos inteiros da odiada estrutura, abrindo vários pontos não oficiais de travessia.

A velocidade dos acontecimentos pegou de surpresa o governo tanto da Alemanha Oriental quanto da Ocidental. Tudo começara em agosto, quando a Hungria – um dos países isolados física e politicamente do bloco oriental criado por Moscou – derrubou efetivamente sua fronteira física com a Áustria. Em poucas semanas, mais de 13 mil *ossis* viajaram para a Hungria e, depois, para a Áustria. Quando o governo da Budapeste tentou interromper o fluxo de gente, os alemães orientais saíram em marcha até a embaixada da Alemanha Ocidental e se recusaram a voltar para casa, num ato de desobediência civil sem precedentes. Isso vindo de uma nação que, durante 50 anos, se acostumou a obedecer às ordens de seus senhores comunistas; muita coisa ainda haveria de acontecer.

Nas semanas seguintes, protestos de massa se deram por toda a Alemanha Oriental. Os manifestantes foram às ruas repetindo *"Wir wollen raus!"* ("Queremos sair!") e *"Wir sind das Volk!"* ("Nós somos o povo!"). Os jornais e a televisão começaram a proclamar a alvorada de uma revolução pacífica.

Em outubro, quando Erich Honecker renunciou ao cargo de secretário-geral do Partido Socialista Unificado, o movimento tornou-se irreversível. Honecker não era apenas o chefe de Estado: como o homem que esteve no controle da Alemanha Oriental desde o início dos anos 1970, ele era visto como a incorporação do próprio Estado comunista.

Apesar dos alertas, o colapso das fronteiras físicas foi caótico e imprevisto. No início da tarde de 9 de novembro, a televisão exibiu uma coletiva de imprensa realizada em Berlim Oriental insinuando pela primeira vez que seria permitido um êxodo limitado. Mas, logo depois da transmissão, as pessoas começaram a se juntar diante dos seis postos de controle entre Berlim Oriental e Ocidental, exigindo que os guardas abrissem imediatamente os portões. Os soldados foram pegos de surpresa e ficaram perplexos com a quantidade de pessoas que queriam atravessar para o lado ocidental; apavorados, começaram a dar telefonemas solicitando novas instruções.

Logo ficou claro que, no governo da Alemanha Oriental, ninguém assumiria a responsabilidade por dar ordens de "atirar para matar"; como resultado, os guardas da fronteira simplesmente se afastaram e deixaram a multidão atravessar pacificamente para o lado ocidental. Pouco antes das 23h, a televisão na Alemanha Ocidental fazia a extrema-unção da República Democrática Alemã.

> *Hoje é um dia histórico. A Alemanha Oriental anunciou que, a partir deste instante, suas fronteiras estão abertas para todos. A* RDA *abriu suas fronteiras [...], os portões em Berlim Oriental continuam abertos.*

A abertura do Muro de Berlim e sua posterior derrubada tiveram como consequência o abandono de todos os postos de verificação entre Alemanha Oriental e Ocidental. Em 1º de julho de 1990, dia em que o marco alemão foi adotado no país inteiro, todos os controles de fronteira deixaram de existir oficialmente. Três meses depois, a Alemanha Oriental foi dissolvida e absorvida numa nova república unificada.

O que tudo isso significou para mim? Embora eu tivesse nascido nos primeiros anos da guerra, fui uma criança dos anos 1950 e 1960 –

décadas em que a Alemanha Ocidental buscou esconder os crimes do passado em meio às divisões e aos conflitos do presente. Não posso fazer de conta que a reunificação do meu país significou para mim algo mais do que para a maioria da minha geração: nós estávamos apenas agradecidos por ter crescido do lado "certo" da Cortina de Ferro, e nos tranquilizamos um pouco pensando que a maré da história havia recuperado seu estado próprio e natural. Sem dúvida temia-se a situação econômica; ninguém tinha certeza de quanto custaria criar nosso novo país, embora houvesse predições comuns e pessimistas de que o milagre econômico alemão – há tanto tempo a cobiça da Europa – seria ameaçado pela necessidade de dar suporte a nosso antigo vizinho, falido e menos desenvolvido.

No entanto, esses temores afetavam principalmente os políticos, mas quase nada uma fisioterapeuta bem-sucedida que morava na segurança da Baixa Saxônia.

Quando se deu a reunificação, eu tinha 50 anos. Continuava solteira e levava uma vida confortável. Tinha segurança financeira, uma casa agradável e trabalhava mais do que nunca. No entanto, algumas nuvens se formavam e se concentravam inevitavelmente em volta de Gisela.

A deficiência de minha mãe de criação piorou com o passar dos anos, e agora ela estava severamente incapacitada. A tragédia também atingira a família. Hubertus, o menino bonito que eu havia conhecido ainda criança, revelou-se um homem gay muito atraente; em meados da década de 1980, ele foi um dos primeiros alemães diagnosticados com a terrível doença da aids, sempre fatal naquela época. Em 1988, a doença o levou.

A decisão de contratar uma cuidadora em tempo integral para acompanhar Gisela pareceu, na época, a melhor maneira de lhe assegurar um futuro. Gisela tinha condições financeiras. Sua profissão lhe rendera bons frutos, e tanto os Von Oelhafen quanto os Andersen tinham dinheiro. Mas a mulher que contratamos mostrou-se uma oportunista. Pouco depois da morte de Hubertus, ela se aproveitou da mente debilitada de Gisela e a convenceu a se mudar para a Grã-Canária, uma das ilhas Canárias, onde elas se beneficiariam de um clima mais quente. E lá as duas foram morar juntas, a 5 mil km de distância de qualquer familiar.

Para piorar as coisas, a acompanhante fez de tudo para afastar todo mundo de Gisela e a isolar por completo; ninguém conseguia falar com ela, nem tinha permissão para tal.

Só quando Gisela desenvolveu demência é que pude visitá-la. O que encontrei na Grã-Canária me deixou muito perturbada; estava claro que Gisela dependia totalmente de uma mulher cuja principal preocupação era arrancar dela o máximo de dinheiro que pudesse. Alguma coisa precisava ser feita.

Junto com tia Eka, requeri à Justiça alemã que me permitisse intervir na vida de Gisela. De início, a Justiça se recusou a ouvir nossa reivindicação, dizendo que eu não tinha direito porque era filha de criação de Gisela, e não biológica. Mais uma vez a obsessão alemã pelo sangue passava por cima da necessidade óbvia e urgente de proteger os vulneráveis. No entanto, agindo contra o que costumo fazer – por natureza, não sou enérgica –, cravei os pés no chão e disse para os juízes: "Vou ficar sentada aqui até vocês me ouvirem. Só saio desse tribunal depois de ouvirem o que tenho a dizer".

Eles acabaram concordando em me ouvir. Fiquei de pé e disse para os juízes que Gisela estava sendo controlada pela cuidadora e que essa mulher tinha manipulado a relação a ponto de ser nomeada como uma das principais beneficiárias no testamento de Gisela. Implorei para os juízes preservarem os interesses de minha mãe de criação. Os juízes, no entanto, não estavam preparados para fazer algo além de me ouvir. No final, a justiça se recusou a intervir na questão.

Coube a tia Eka elaborar um acordo particular que garantia algumas medidas de proteção para Gisela, embora também significasse que a cuidadora receberia parte do dinheiro. O estrago já estava feito. Gisela viveu até 2002, mas nunca mais fomos uma família.

Seu exílio na Grã-Canária, contudo, teve um resultado positivo. Quando tia Eka e eu finalmente percebemos que ela nunca mais voltaria para Hamburgo, começamos a esvaziar seus aposentos. Foi assim que descobri o diário que ela escrevera registrando meus primeiros anos de vida.

Jamais me esquecerei do momento em que segurei o diário nem da emoção que senti ao ler suas poucas páginas escritas à mão. Fiquei tão agradecida! Eu havia descoberto algo sobre mim e o começo da minha vida – por mais que fossem poucas e esparsas as informações, era a primeira vez que eu conseguia esticar a mão e tocar meu passado. Junto da alegria, no entanto, veio a dor.

Acho que não tinha percebido o quanto, durante quase 40 anos, eu havia bloqueado meus sentimentos sobre o mistério da minha infância. Com o pequeno caderno nas mãos, devorando ansiosa o relato de Gisela, fui tomada de novo pela velha sensação de perda e incerteza. Por que ela não me deu esse diário? Por que o manteve escondido todos aqueles anos? Como não percebeu a importância que ele teria para mim?

Mais doloroso ainda era saber que eu só havia descoberto o caderno porque Gisela, para todos os fins, havia abandonado a família mais uma vez. O fato de ela não ter condições de entender isso – e de sua cuidadora explorar propositalmente sua fragilidade – não mudava minha situação: eu não podia entrar em contato para fazer todas as perguntas deixadas pelo diário.

Talvez essa sensação opressora de dor e perda explique por que não examinei mais atentamente os outros documentos que encontrei no quarto. Numa rápida olhada, pareciam ser os papéis da minha acolhida por Gisela e Hermann. Mas, em vez de lhes dar a atenção devida, deixei-os de lado e me dediquei ao meu trabalho. Só me lembrei da existência desses documentos no final do século XX.

Um dia, no outono de 1999, eu estava trabalhando na clínica, como de costume, quando o telefone tocou. Imaginei que seria um dos meus pacientes ou alguém querendo marcar uma primeira consulta. Mas a senhora ao telefone naquela manhã não era nada disso. Primeiro ela perguntou se eu era Ingrid von Oelhafen, depois explicou que era da Cruz Vermelha alemã. De início, fiquei confusa. Por que a Cruz Vermelha me telefonaria? Eu não tinha nenhum vínculo profissional com a organização, nenhum dos meus pacientes havia vindo de lá.

Em seguida, sua pergunta me pegou totalmente de surpresa. Ela queria saber se eu tinha interesse em procurar meus pais biológicos.

Acho difícil descrever o que senti naquele momento. Fazia muito tempo que eu reprimia qualquer pergunta sobre quem eu era e de onde eu vinha, dizendo a mim mesma que trabalhar com crianças deficientes era mais importante; na verdade, acho que evitava a pergunta por medo do que poderia descobrir. E me surpreendi ao perceber que o que eu senti era uma empolgação real: finalmente eu tinha a chance de descobrir minhas origens. Talvez agora eu estivesse pronta para encarar a verdade.

Por que naquele momento? Por que, de repente, depois de tantas décadas, eu me senti capaz de começar uma jornada rumo ao meu passado? Tenho pensado muito sobre isso e concluí que a idade fez toda diferença. Eu tinha 58 anos quando recebi esse telefonema e, olhando para trás, percebo que, conforme eu envelhecia, mais me perguntava sobre minha história pessoal. E não sou a única: acho que faz parte da condição humana revisitar o passado à medida que os anos avançam. Essa jornada significa mais para os velhos do que para os jovens.

Também havia considerações de ordem prática. Sempre que ia a uma consulta médica – algo cada vez mais frequente com o passar dos anos –, perguntavam-me sobre meu histórico de doenças na família. Eu sempre respondia, é claro, que não tinha a menor ideia.

Não perguntei como a Cruz Vermelha havia me encontrado. Ou como sabiam que eu tinha um mistério familiar para resolver. Disse apenas que sim e esperei pelo melhor. Para ser honesta, não sei se pensei que a Cruz Vermelha poderia responder às minhas perguntas. Quase toda a conversa foi envolta por uma névoa, mas sei que a organização foi incapaz de me dizer qualquer coisa: aparentemente, eles não sabiam de nenhum segredo nem tinham nada para me oferecer. Em vez disso, orientaram-me a procurar um historiador na Universidade de Mainz.

Tenho uma dívida imensa com Georg Lilienthal. Eu não sabia quem ele era quando lhe escrevi, muito menos o quanto ele seria importante na minha história e na do Lebensborn. Eu só sabia o que a Cruz Vermelha me dissera: ele seria capaz de me mostrar qual caminho seguir.

Concluí que o dr. Lilienthal estaria esperando minha carta, então escrevi de maneira aberta e honesta, explicando que sempre quis saber de onde eu tinha vindo, mas não sabia como ou por onde começar.

Minha empolgação era tanta quando postei a carta que minha vontade era de entrar no carro e dirigir até Mainz no dia seguinte. Minha intuição, no entanto, me mandou esperar; certamente ele precisaria de tempo para juntar as informações que porventura tivesse. Decidi ser paciente e vasculhar os documentos que havia encontrado no quarto de Gisela.

Era desesperador estar tão perto de descobrir a história de como fui acolhida por Gisela e Hermann e frustrante continuar no escuro. Como eu havia esperado 50 anos para começar uma busca, poucas semanas a mais não iam me matar.

Peguei a caixa com os documentos de Gisela. Eu não havia sequer olhado para eles desde que os encontrara; o diário com o registro precioso dos meus primeiros anos de vida tinha atraído toda a minha atenção. Estava na hora de examinar atentamente a pilha de documentos desbotados que estava guardada junto do diário.

Primeiro, uma papeleta cor-de-rosa levemente desgastada: um atestado de vacinação com data de 19 de janeiro de 1944, com carimbo de Kohren-Sahlis, perto de Leipzig. Ele mostrava que Erika Matko, nascida em 11 de novembro de 1941 numa cidade chamada St. Sauerbrunn, tinha sido imunizada contra escarlatina e difteria.

A data era importante: Gisela e Hermann haviam me acolhido vários meses depois de janeiro de 1944. Mas, além de indicar que o responsável pela vacina era um médico, não havia mais nada no atestado que mostrasse onde a vacina havia sido aplicada ou a pedido de quem. Qual organização havia em Kohren-Sahlis na época? Aliás, onde *ficava* St. Sauerbrunn?

Havia um segundo atestado, com o registro de outras vacinas. Do lado de trás, havia um carimbo oficial que talvez respondesse parcialmente a outras perguntas: *Lebensborn Heim Sonnenwiese Kohren-Sahlis*.

Heim significa "abrigo para crianças"; isso eu sabia desde muito cedo, e certamente estava ligado ao fato de Hermann e Gisela terem me criado. Mas o que era *Lebensborn*? Eu nunca tinha ouvido essa palavra, mas provavelmente ela tinha alguma relação médica com Erika Matko e, por isso, deveria ter algum papel no mistério do meu passado.

O documento seguinte era ainda mais confuso. Com data de 4 de agosto de 1944, parecia um tipo de contrato e de recibo entregue aos meus pais de criação.

> *Aos 3 de junho de 1944, a família Hermann von Oelhafen, domiciliada na Gentz Strasse, 5, Munique, aceitou em sua casa a menina étnica Erika Matkow [sic], nascida aos 11 de novembro de 1941. Por ser uma criança de linhagem alemã, por ordem do* Reichsführer, *ela deve ser criada numa família alemã.*
>
> *Nenhum subsídio será dado de nenhuma parte para o sustento da menina; a criança não tem recursos ou renda. Os pais de criação serão os únicos responsáveis por sua subsistência.*

A certidão aparentemente havia sido emitida em Steinhöring, que eu sabia se tratar de um vilarejo não muito longe de Munique. Mas não havia nada sobre a organização em si. A única pista era um cabeçalho estranho no topo da folha, furado com perfurador e quase ilegível devido a leves rasgos e à ação do tempo: *Der Reichskommissar für die Festigung deutschen Volkstums, Stabshauptamt L.*

Eu não tinha a menor ideia do que significava isso; com uma rápida pesquisa, descobri que se tratava do Gabinete do Comissário do Reich para o Fortalecimento da Nacionalidade Alemã – uma organização nazista. Não estava claro, no entanto, o que fazia esse gabinete.

A única coisa que se destacava era a assinatura no pé do documento: dr. Tesch, que se descrevia como *Sturmbannführer*. Qualquer pessoa que cresceu na Alemanha depois da guerra conhecia essa palavra: uma patente paramilitar do Terceiro Reich equivalente à de major, mas que era usada quase exclusivamente pelos membros da SS. Por que um oficial da infame "organização da caveira"*, de Heinrich Himmler, teria alguma coisa a ver com a minha acolhida? Olhei a certidão de novo; dizia que eu havia sido entregue a uma família alemã "por ordem do *Reichsführer*". Himmler de novo; que papel o homem mais temido da Alemanha nazista, comandante supremo de Hitler, teria desempenhado na minha infância?

Eu estava desesperada para perguntar a Gisela o que tudo isso significava – aliás, eu queria saber por que ela escondera esses documentos de mim durante tantos anos. Mas Gisela estava na Grã-Canária e, àquela altura, no auge de sua demência. Eu não conseguiria nenhuma ajuda dela.

Uma semana se passara desde que enviei a carta para Georg Lilienthal. Fiquei me perguntando se ele estava de licença ou se, por algum motivo, não queria dividir comigo o que a Cruz Vermelha disse que ele sabia – ou pelo menos suspeitava – da minha história. Nesse ínterim, comecei minha própria investigação. Escrevi para o Arquivo Nacional da Alemanha, o Bundesarchiv, e perguntei se eles tinham algum documento.

Presumi ingenuamente que o Bundesarchiv me responderia rápido; afinal, com a tecnologia atual, qual é a dificuldade de fazer uma busca rápida com o meu nome? Eu estava prestes a entender um dos paradoxos da nova Alemanha; se, por um lado, o novo Estado se comprometia a revelar os terríveis pecados cometidos pelos governantes da Alemanha Oriental e tinha o cuidado de arrancar da vida pública quem havia se envolvido com a polícia secreta, a Stasi, por outro, não estava muito disposto a encarar todos os crimes cometidos pelo Reich de Mil Anos de Hitler.

---

* O distintivo da SS era uma caveira; por causa disso e de seu papel no controle dos campos de concentração, seus oficiais eram conhecidos como SS *Totenkopfverbände* – literalmente, "unidades (ou regimentos) da caveira".

Tratava-se, em parte, de um legado do início dos anos pós-guerra. Konrad Adenauer, primeiro chanceler da Alemanha Ocidental, opunha-se veementemente às ações de desnazificação empreendidas pelas forças Aliadas e havia trabalhado para a libertação dos nazistas criminosos de guerra condenados nos julgamentos de Nuremberg. Ele, inclusive, nomeou Hans Globke – político que esboçou leis antissemitas para Hitler em 1938 – como braço direito do governo.

Acontece que, desde o início, ninguém queria vasculhar a fundo o passado. Além disso, embora a Alemanha se orgulhasse de ser a força motriz da União Europeia, estávamos no final do século XX e o país ainda tinha um monte de esqueletos guardados no armário, mas nenhuma disposição e nenhum preparo para mexer neles.

O Muro de Berlim não era a única barreira que separava a Alemanha de si mesma. A nação até podia ter se reunificado, mas nossa memória coletiva continuava decididamente errática. Nos meses seguintes, eu descobriria que qualquer coisa relacionada ao misterioso programa Lebensborn parecia desencadear episódios repetidos de amnésia. Descobri que havia parcas informações publicadas sobre ele e o material disponível sugeria uma história de vergonha nacional, bem como um legado envolto em segredo.

Enquanto eu esperava a resposta de Georg Lilienthal e do Bundesarchiv, pensava no telefonema da Cruz Vermelha. A mulher parecia relutar em me dizer algo. Quando me perguntou se eu realmente queria investigar meu passado, será que queria me alertar sobre os problemas que eu enfrentaria? Talvez. No entanto, por mais difícil que a tarefa se mostrasse, eu estava decidida a tentar. Na época não percebi, ao começar minha investigação pessoal, que também embarcaria numa jornada dolorosa pela história conturbada da Alemanha e de um país que ela havia invadido e pilhado.

FONTE DE VIDA

*A eterna lei natural de manter a raça pura
é o legado que o movimento nacional-socialista
concedeu ao povo alemão para todo o sempre.*

Filme de propaganda nazista, 1935

St. Sauerbrunn era um lugar que não existia.

Sem saber para onde ir, resolvi voltar ao primeiro registro da minha existência: a papeleta cor-de-rosa comprovando minha vacinação contra escarlatina e difteria. Uma vez que ela registrava meu local de nascimento como St. Sauerbrunn, parecia o ponto de partida mais óbvio. Mas, por mais que eu procurasse em atlas e mapas históricos da Alemanha e de todos os países invadidos por exércitos de Hitler, não havia cidade ou vilarejo com esse nome.

O registro mais próximo era o balneário austríaco de Bad Sauerbrunn, não muito longe da fronteira com a Hungria.

Encontrei o endereço do Ministério das Relações Exteriores da Áustria e enviei uma carta detalhada perguntando se eles podiam me ajudar a encontrar qualquer registro de uma família chamada Matko nas redondezas de Bad Sauerbrunn.

Eu estava começando a ficar impaciente. Ainda não tinha recebido nenhuma resposta – muito menos informação – do Bundesarchiv e continuava esperando Georg Lilienthal me dizer o que supostamente havia descoberto a meu respeito durante sua pesquisa sobre o Lebensborn.

Mas o que exatamente era o Lebensborn? E como estava relacionado a mim? Comecei a procurar informações sobre essa organização algo misteriosa.

De imediato, fiquei impressionada por não haver quase nada publicado sobre o programa Lebensborn. Passados mais de 50 anos do fim da guerra, mesmo que a terrível história do Terceiro Reich e de seus crimes tenha sido analisada e verificada meticulosamente, uma busca por *Lebensborn* no Google gerava poucos resultados.

Aparentemente, a Sociedade Lebensborn – traduzida literalmente, a palavra *Lebensborn* significa "origem" ou "fonte de vida" – fora criada em 1935 como um tipo de organização em prol do bem-estar, fundada pelo Partido Nazista para administrar maternidades em toda a Alemanha; era uma resposta ao que rapidamente se tornou uma crise demográfica para o novo Reich. Quando Hitler assumiu o poder na década de 1930, a população do país vinha caindo havia décadas. Em 1900, a estatística mostrava uma taxa de natalidade média de 35,8 para cada mil habitantes; em 1932, esse índice havia caído para 14,7. Desde o princípio, o regime nazista pretendia interromper – e depois reverter – essa tendência.

Eles começaram com *slogans* aparentemente inocentes – "Recolocando a família em seu legítimo lugar" era típico –, depois introduziram incentivos financeiros – empréstimos para casamento, subsídios para crianças e pensões familiares – para promover famílias maiores. Também se estabeleceu formalmente o culto à maternidade: todo ano, no aniversário da mãe de Hitler, mulheres férteis eram condecoradas com a Cruz de Honra da Mãe Alemã. Quem tinha mais de quatro filhos ganhava uma medalha de bronze; mais de seis valia uma prata; e mais de oito, uma medalha de ouro. Como isso não produziu resultados imediatos, surgiram novas leis para proibir a propaganda e a exposição de contraceptivos, e todas as clínicas de controle de natalidade foram fechadas. O aborto foi criminalizado como "ato de sabotagem contra o futuro racial da Alemanha".

A primeira pista para a realidade que se ocultava na aparentemente inócua Sociedade Lebensborn estava nessa expressão: *futuro racial*. Embora o principal objetivo das casas Lebensborn fosse possibilitar que as mulheres que de outro modo abortariam dessem à luz num lugar seguro e secreto – ajudando com isso a fortalecer a população alemã –, a sociedade não estava aberta para todas as pessoas.

Eu tinha conhecimento, é claro, da natureza obsessiva dos nazistas quanto à raça: ela era o altar sobre o qual Hitler e seu regime haviam sacrificado mais de seis milhões de judeus. Mas eu nada sabia sobre a extraordinária e intricada rede de organizações estabelecidas para salvaguardar a "pureza" da raça alemã.

À medida que prossegui com a pesquisa, me vi sendo puxada para os porões da loucura nazista. Lá no meio estava a figura sinistra de Heinrich Himmler.

Himmler se filiou ao Partido Nazista em agosto de 1923, três anos depois de sua fundação. Ele não foi um de seus primeiros fanáticos – seu número de inscrição era 14.303 –, mas dentro de seis meses estaria cuidando da organização paramilitar mais poderosa, a Schutzstaffel, vergonhosamente conhecida pelas iniciais: SS.

Como *Reichsführer* SS, Himmler começou a criar uma organização paralela – em última instância, muito mais poderosa – para controlar e monitorar o Partido Nazista. Havia tempos ele estava interessado na concepção pseudocientífica de eugenia, em voga naquela época, e vivia obcecado pela ideia de um passado místico no qual uma raça nórdica de guerreiros de sangue puro teria conquistado boa parte da Europa. Ele começou a reorganizar a SS para que ela se tornasse a vanguarda de uma raça renascida de "super-homens" arianos.

De acordo com suas diretrizes, os candidatos eram avaliados por suas qualidades raciais. Ele descreveu o processo como se fosse o de

> [...] um viveirista tentando reproduzir uma boa estirpe antiga que fora adulterada e corrompida; partimos do princípio de seleção das plantas e depois passamos, sem nenhum escrúpulo, a eliminar os homens que consideramos inúteis para a estruturação da SS.

Em 1931, ele criou um departamento separado, dentro da SS, para garantir que sua "seleção de plantas" fluísse sem nenhum obstáculo: Das Rasse und Siedlungshauptamt SS, ou RuSHA. A tradução literal desse nome é "Departamento Central de Reassentamento e Raça da SS"; na prática, significava uma organização dedicada à proteção da "pureza racial" da Schutzstaffel. Um de seus deveres era supervisionar os casamentos do pessoal da SS; seguindo ordens pessoais de Himmler, o RuSHA só emitia permissão de casamento se ficasse comprovado, depois de uma investigação detalhada, que os noivos provinham de uma linhagem racial ininterrupta – ou seja, que o sangue puro ariano corria na veia de seus ascendentes desde 1800.

Descobri nas pesquisas que a Sociedade Lebensborn foi formada e promovida dentro dos princípios do RuSHA. Numa circular emitida em 13 de dezembro de 1936, Himmler estabeleceu tanto a linhagem quanto os objetivos de sua nova organização.

> *A Sociedade Lebensborn está sob o controle pessoal direto do* Reichsführer SS. *Ela faz parte do Departamento Central de Reassentamento e Raça e seus objetivos são:*
>
> *1. Dar suporte a famílias numerosas de valor racial e genético.*
>
> *2. Prover de alojamento e cuidados a mulheres grávidas que tenham valor racial e genético para que, depois de uma investigação familiar detalhada feita pelo RuSHA, tanto delas quanto dos pais dos filhos que esperam, tenham a possibilidade de dar à luz crianças igualmente valiosas.*
>
> *3. Cuidar dessas crianças.*
>
> *4. Cuidar das mães dessas crianças.*

Até para mim – uma alemã nascida durante a guerra e que passou a vida toda num país que tentava lidar com o legado da visão deturpada de Hitler – isso soava o cúmulo da loucura.

Na Alemanha, temos uma palavra muito expressiva para esse tipo de irracionalidade: *unglaublich* (inacreditável). Como era possível que alguém "provasse" seu valor genético ou racial – e, em todo caso, o que significava na prática esse conceito bizarro?

Eu não era a única confusa. Entre os resultados de minhas buscas no Google, havia uma série de referências a rumores crescentes a respeito das instalações do Lebensborn. Alguns desses rumores remontavam aos anos de guerra e sugeriam que o povo alemão estava preocupado com as histórias de que essas supostas maternidades na verdade eram criadouros da SS: lugares onde os homens da nata das brigadas de Himmler eram apresentados a arianas aptas para gerar bebês de valor racial para o Reich. Essa conversa era totalmente falsa, mas o segredo que rodeava o programa Lebensborn garantiu que, com o passar dos anos, os rumores persistissem. Descobri até que existia um gênero sensacionalista de filmes e livros que exploravam a temática nazista e, durante várias décadas, ajudou a espalhar o mito. Um desses filmes, feito em 1961 por um diretor alemão e facilmente encontrado na internet, é um exemplo típico: *Obrigadas a amar*, seguido do subtítulo apelativo *Senhoritas forçadas à procriação nazista!*.*

Fiquei com vergonha e apavorada. Entendi que as histórias sobre os criadouros da SS não passavam de fantasias absurdas (e, na maioria das vezes, tentativas cínicas de vender filmes e romances sórdidos). Mas, se era isso que o mundo sabia – ou achava que sabia – sobre o programa Lebensborn, era surpreendente que a Alemanha moderna não quisesse tratar abertamente do assunto. Será que o silêncio do Bundesarchiv em resposta ao meu pedido de informações explicava isso? Eu ainda não tinha recebido resposta à minha carta e, depois de dois meses, comecei a perder as esperanças.

Sabia que, sozinha, tinha poucas chances de conseguir investigar o Lebensborn, muito menos de descobrir seu papel em relação às minhas

---

* N. T.: *Ordered to Love: Frauleins Forced into Nazi Breeding*, filme de Werner Klingler conhecido no Brasil como *As noivas de Hitler*.

origens. Eu precisava de ajuda, mas um muro de silêncio parecia cercar tudo o que se relacionava com esse tópico da história do nazismo.

Em fevereiro de 2000, perdi ainda mais as esperanças. O governo austríaco finalmente respondeu à minha carta, que perguntava se existia algum registro de uma família chamada Matko em Bad Sauerbrunn. Não existia e nunca havia existido. Minha jornada parecia terminada pouco depois de ter começado. Se eu não vinha da Áustria, onde eu poderia ter nascido?

Até que, alguns dias depois, recebi uma carta de Georg Lilienthal. Pela primeira vez eu via pistas – informações históricas sólidas – sobre o Lebensborn e em que ponto ele se encaixava na minha história. Mas Lilienthal começou cuidadoso – mais uma pista dos dolorosos segredos que me aguardavam.

> *Cara* Frau *Von Oelhafen,*
>
> *Primeiro, gostaria de lhe agradecer pela confiança que sua carta depositou em mim, pois tudo se resume à questão da sua identidade. Desse modo, também me alegra que a sra. Fischer, da Cruz Vermelha alemã, tenha sido cuidadosa ao conversar com você... Peço-lhe desculpas. Demorei muito tempo para responder. E, enquanto você esperava algum sinal, deve ter duvidado de ter feito a coisa certa ao me procurar. Fique tranquila.*
>
> *Meu longo silêncio deve-se parcialmente a razões externas (muito pouco tempo para juntar os documentos e escrever); por outro lado, eu também estava ciente de que a resposta não seria fácil, pois sabia o que poderia significar para você. Por isso venho tentando escrever desde o início de janeiro. E foi isso que me fez resumir sua presumível história de maneira tão sóbria e aparentemente fria. Eu não queria influenciar seus sentimentos com os meus.*
>
> *Agora, ao seu pedido. Como você mesma escreveu, há muito tempo você sabe que tem dois nomes (Erika Matko e Ingrid von Oelhafen). Imagino que você sempre tenha se perguntado o motivo. Aparentemente, seus pais de criação não foram totalmente abertos em relação ao pouco que sabiam sobre você.*

Sou incapaz de dizer quais foram exatamente meus sentimentos depois de ler a carta: eu estava angustiada e apreensiva, mas também empolgada.

Eu sabia, é claro, que Hermann e Gisela não tinham chegado nem perto de me dizer a verdade sobre minhas origens. Até certo ponto, me convenci de que, se o silêncio deles não era resultado das tensões da vida no pós-guerra, provavelmente eles não conheciam minha história. Ao ler a carta de Lilienthal, me vi pela primeira vez obrigada a encarar a possibilidade de que meus pais de criação esconderam propositalmente de mim uma série de informações.

A casa Lebensborn
Sonnenwiese em 1942.
A imagem é de um cartão-postal da época da guerra.

Eis então que surge a revelação que eu tanto esperava e, de certa forma, já previa. Lilienthal encontrou o nome Erika Matko nos registros há muito esquecidos do programa Lebensborn. Ela havia sido criada em uma de suas casas, um lugar chamado Sonnenwiese (literalmente, "campo ensolarado"), em Kohren-Sahlis. Isso quer dizer que eu, outrora Erika Matko, era um bebê do Lebensborn. Além disso, Lilienthal estava convencido de que Hermann e Gisela tinham escondido propositalmente de mim essas informações.

Minha mente se transformou num turbilhão. Além de encarar a revelação desconfortável sobre a desonestidade dos meus pais de criação para comigo – pois, no fundo, é como tinham agido: com desonestidade –, agora havia provas documentais sólidas que me conectavam a essa organização nazista grotesca e nitidamente vergonhosa – uma organização que existiu sob o controle direto da ss.

Minha reação, no entanto, foi mais de euforia do que de choque. Tudo parecia inacreditável, mas também tratava-se da minha chance de finalmente descobrir quem eu era e de onde vinha. Além disso, a revelação me trouxe um pouco de paz. Embora eu ainda não soubesse qual era a verdadeira natureza do Lebensborn – o que eu viria a saber mais tarde –, agora podia me livrar de uma das preocupações que me acompanhavam desde que me descobri filha de criação.

Se o Lebensborn, como mostrou minha pesquisa inicial, tinha sido um programa político em que as exigências do regime nazista se sobrepunham aos sentimentos de quem ele dominava, talvez meus pais verdadeiros tenham me entregado para adoção por um motivo político, e não, como eu temia, pelo fato muito mais perturbador de não me desejarem. Esse entendimento me deu conforto, mas também um pouco de medo. A Schutzstaffel – de certo modo, eu estive envolvida com uma organização que, quase 60 anos depois, ainda despertava pavor e repugnância. Como era possível minha vida ter começado aos cuidados da temível criação de Himmler? Mentalmente, acrescentei a ss à lista crescente de grupos nazistas que eu teria de investigar.

A carta de Lilienthal continha outras surpresas. Ciente de que eu sabia pouca coisa sobre o funcionamento do Lebensborn, ele me explicou como as crianças chegaram a Sonnenwiese. Algumas nasceram em maternidades do Lebensborn e depois foram levadas para Kohren-Sahlis como parte dos planos de Himmler de aumentar a população do Reich. Outras, no entanto, tinham aparentemente sido raptadas.

> *As crianças mantidas nessa maternidade eram alemãs, nascidas de forma ilegítima no programa Lebensborn para acolhimento familiar ou adoção. Mas algumas crianças em Kohren-Sahlis tinham sido traficadas dos países ocupados pela Alemanha e designadas à germanização.*

Eu nunca tinha ouvido falar em "germanização". O que seria isso? E por que os nazistas traficariam crianças dos países que invadiram? Sempre nos disseram que, para Hitler e seus capangas, os povos dos diversos países conquistados eram literalmente sub-humanos. E, mais importante que tudo, como isso se conectava ao pouco que eu sabia de minha criação na família de Hermann e Gisela? Mais uma vez, Lilienthal tinha a resposta.

> *O programa Lebensborn funcionava com famílias de acolhimento alemãs com o intuito de posterior adoção depois do fim vitorioso da guerra. A queda do Terceiro Reich impediu a realização desses planos. A maioria dessas crianças estrangeiras voltou para seu país de origem. Algumas, no entanto, continuaram na Alemanha com suas famílias de criação.*
>
> *Houve vários motivos para isso. Alguns pais de criação tinham verdadeiro apreço por sua família. Outros escondiam a origem estrangeira até mesmo das crianças, por medo de que elas pudessem ser levadas embora ou ter vontade de voltar para casa.*
>
> *Por fim, temiam perder o afeto e o amor dos filhos de criação. Além disso, queriam proteger as crianças de qualquer hostilidade e dificuldade de integração.*
>
> *Esses são alguns motivos que impediram as crianças de serem adotadas depois da guerra, bem como a inexistência dos documentos necessários.*
>
> *Alguns Aliados não quiseram mandar as crianças de volta para casa contra a vontade delas. Por não terem mais família biológica, muitas crianças permaneceram com as famílias alemãs depois de um acordo com as autoridades dos países de origem.*

E, então, Lilienthal soltou sua maior bomba.

> *Frau Von Oelhafen, você acredita que pode não ser filha de pais alemães? Faz muitos anos que conheço seu nome, "Erika Matko", e o de seus pais de criação, "Von Oelhafen", por muitos documentos no Bundesarchiv. Pesquiso o Lebensborn há mais de vinte anos e conheço o destino de muitas crianças do Lebensborn.*

> *Seus nomes aparecem em listas criadas pelo Lebensborn para crianças que seriam germanizadas vindas da Polônia, Iugoslávia e Tchecoslováquia (no controle do Lebensborn, elas eram chamadas apenas de "Ost-Kinder") e em registros e declarações de antigos funcionários do Lebensborn.*
>
> *Embora eu não possa apaziguar seu espírito lhe apresentando algum papel (como certidão de nascimento), tenho documentos que parecem indicar sua origem como iugoslava.*
>
> *Depois de ler minha carta, você deve estar se perguntando: "E agora?" Não posso lhe responder. Mas, se quiser continuar em busca de sua identidade, ficarei feliz em lhe ajudar. Entre em contato sempre que desejar.*

Minha cabeça girava quando terminei de ler a carta. Rapto, germanização, *Ost-Kinder* – essas palavras eram para mim totalmente alheias, tão distantes quanto as suposições que fiz ao começar minha jornada, e eu não sabia como interpretá-las.

E agora, a Iugoslávia. Embora as autoridades austríacas não tivessem encontrado registros de uma família Matko em Bad Sauerbrunn e redondezas, eu continuava acreditando que a busca do meu passado acabaria me levando à Áustria. De certo modo, era uma ideia reconfortante: o tempo que passei em Insbruque significou uma familiaridade com o país. Também não havia barreiras linguísticas: o alemão era a língua nacional. Agora eu precisava voltar à estaca zero, e numa língua que nunca tinha ouvido. Para piorar, a própria Iugoslávia não existia mais: o último país da Cortina de Ferro tinha se desintegrado numa guerra civil sangrenta antes de ser dividido em uma série de novos Estados menores. Onde e como eu começaria?

Decidi considerar a oferta de Georg Lilienthal: escrevi para ele pedindo ajuda. Durante toda minha jornada ao passado, tive a sorte de encontrar pessoas dispostas a me ceder tempo e conhecimento para que eu caminhasse passo a passo, ainda que aos tropeços. O dr. Lilienthal foi o primeiro, e provavelmente o mais importante, dos meus guias. Ele me aconselhou a escrever para dois ministérios alemães em Berlim: o Ministério das Relações Exteriores e o Ministério do Interior.

Ele me ajudou a redigir as cartas explicando minha situação e expondo a crença de que eu tinha sido levada da antiga Iugoslávia para o programa Lebensborn. Solicitei que os dois órgãos oficiais me ajudassem a entrar em contato com órgãos semelhantes no Leste Europeu.

Meus pedidos aparentemente caíram em ouvidos moucos. Os dois ministérios mandaram respostas ríspidas e inúteis, dizendo que não podiam fazer nada por mim; a única sugestão era que eu escrevesse para o governo da Eslovênia – o novo país que havia surgido na região central da Iugoslávia outrora controlada pelo Reich de Hitler.

Mais ou menos na mesma época, recebi uma resposta, igualmente inútil, do Bundesarchiv: os arquivos estatais insistiam em dizer que não tinham nada de importante para minha história. Comecei a ver um padrão se repetindo: nenhuma instituição governamental parecia interessada em me ajudar. Como eu sabia que Georg Lilienthal já tinha encontrado naqueles mesmos arquivos documentos que relacionavam Erika Matko à Sonnenwiese, comecei a perceber o quanto as autoridades alemãs relutavam em falar sobre o Lebensborn. Nos meses que se seguiram, eu enfrentaria essa relutância repetidas vezes.

Georg Lilienthal me falou da existência de dois outros arquivos de documentos menos conhecidos, nos quais, segundo ele, eu encontraria informações sobre o Lebensborn e concordou em usar os próprios contatos para descobrir a quem eu deveria escrever na Eslovênia.

Pensando agora no assunto, percebo que esse foi o ponto fundamental da minha investigação: a partir dele, não haveria mais retorno. Quando comecei a vasculhar as caixas de papéis empoeirados armazenadas em arquivos por toda a Alemanha, não tinha como prever quais segredos eu arrancaria de lá. Mas esse é o benefício da retrospecção: só hoje consigo entender isso. Na época, acho que não parei nem por um segundo. Eu estava decidida a descobrir tudo sobre mim – e, por extensão, sobre quem havia me criado. Se para isso precisasse fazer perguntas que deixariam as pessoas desconfortáveis, por mim tudo bem. Eu estava entusiasmada por continuar minha jornada, e me frustrava com as pessoas que se colocavam como obstáculo no caminho.

Na época, era impossível prever aonde meu caminho me levaria, tampouco a dor que sentiria ao percorrê-lo.

BAD AROLSEN

Graças a Adolf Hitler, o povo alemão percebeu que a raça nórdica é a mais criativa e valiosa do planeta. Portanto, prezar pelo valioso sangue nórdico é sua tarefa mais importante.

Heinrich Himmler,
Política racial (publicação da ss, 1943)

Bad Arolsen é uma cidadezinha alemã digna de cartão-postal.

Por mais de 250 anos, Bad Arolsen foi propriedade dos príncipes de Waldeck-Pyrmont, na época um principado soberano que se estendia pelo rico coração agrícola dos estados de Hesse e da Baixa Saxônia. Eles edificaram uma mansão imponente, em estilo barroco, e planejaram construir em volta dela uma cidade, dispondo as ruas em um traçado ortogonal matematicamente perfeito. Mas como ficaram sem dinheiro, o grandioso plano foi cumprido só até a metade; para compensar, eles ajardinaram com arbustos a parte não ocupada.

Die Grosse Allee é a rua principal – estende-se por 1,5 km, de leste a oeste, numa linha reta perfeita, e é ladeada por 880 carvalhos dispostos em fila militar de precisão geométrica. Bem no meio se localiza uma construção inexpressiva típica da arquitetura pós-guerra, afastada da rua e escondida atrás de uma cerca viva alta, o que a torna quase imperceptível para ocasionais visitantes.

Esse prédio, no entanto, é do Serviço Internacional de Busca (SIB), um dos lugares mais importantes para entender o Reich de Hitler. Lá dentro, distribuídas aleatoriamente em vários andares e se estendendo aos prédios adjacentes, encontram-se mais de 30 milhões de pastas com o registro do destino de quem foi vítima da organização criminosa que foi o nacional-socialismo.

O fato de os nazistas serem obcecados em manter arquivos meticulosos é um clichê da história contemporânea. Mas o principal aspecto do clichê é dizer uma verdade – por mais banal ou comum que tenha se tornado. Os 26 mil metros de documentos originais (se dispostos em fila) e os 232.710 metros de microfilmes armazenados no SIB são prova disso; e, de acordo com Georg Lilienthal, em algum lugar naquelas pilhas imensas de papel provavelmente haveria um registro de como me tornei parte do programa Lebensborn.

Enviei uma carta para o arquivo em meados do primeiro semestre de 2000 pedindo ajuda para localizar quaisquer documentos que me auxiliassem na investigação das minhas origens. Em teoria, meu pedido deveria ser considerado simples; afinal, responder a esse tipo de solicitação era exatamente a função do SIB. Descobri, no entanto, que teoria e prática continuavam a anos-luz de distância uma da outra, e o que muitas vezes as separava era a política.

Em 1943, o Quartel-General Supremo das Forças Expedicionárias Aliadas (SHAEF) na Europa pediu ao setor internacional da Cruz Vermelha britânica para criar um serviço de busca e registro para pessoas desaparecidas.

Mesmo no meio da guerra, Washington e Londres tinham começado a fazer planos para o que viria depois e perceberam que os efeitos do regime de terror nazista por todo o continente certamente gerariam uma vasta população de deslocados ou desaparecidos. Em fevereiro de 1944, estabeleceu-se o Bureau Central de Busca (BCB); à medida que a guerra avançou para o leste, adentrando em cada território liberado sucessivamente dos exércitos alemães, o BCB foi transferido de Londres para Versalhes, depois para Frankfurt, até finalmente chegar a Bad Arolsen, em 1946. Ali os pesquisadores começaram a criar um arquivo de documentos nazistas.

Os registros provinham de todos os cantos do antigo Reich. As forças aliadas os resgataram de campos de concentração e de extermínio ou os retiraram dos escritórios de campo da Wehrmacht e de arquivos centrais do nazismo. Cada documento foi analisado; a partir deles, o BCB conseguiu remontar o destino de 10 milhões de homens, mulheres e crianças que foram levados para o trabalho escravo, presos ou assassinados no Holocausto.

Desde o início, os Aliados tinham dois objetivos para essa prática sem precedentes – dois objetivos às vezes conflitantes. O primeiro era preparar provas documentais confiáveis para usar no Tribunal de Crimes de Guerra de Nuremberg; ali, pela primeira vez na história, os líderes sobreviventes de um país seriam julgados publicamente pelos delitos recém-definidos como crimes contra a humanidade, por conspiração para travar uma guerra de agressão e pelos assassinatos, em escala industrial, de judeus e europeus do Leste (entre muitos outros).

A segunda ambição, esta a longo prazo, era criar um mecanismo que permitisse aos sobreviventes da guerra – principalmente do Holocausto – encontrar suas famílias e, se possível, se reconciliar com elas. Desse modo, o BCB começou a compilar, a partir dos arquivos capturados, um índice central com o nome de cada pessoa que, segundo avaliação, tinha sido vítima do reino do terror nazista.

Cientes ou não da dimensão da tarefa quando começaram, os Aliados logo foram engolidos pelo imenso volume dos casos. Só o índice de nomes chegaria a registrar o destino de 50 milhões de pessoas. E junto de cada ficha escrita à mão havia um maço de papéis.

Com o passar dos anos, a responsabilidade pela administração, e, sobretudo, pelo financiamento, desse esforço hercúleo passou de uma organização para outra. Em julho de 1947, a recém-formada

Organização Internacional de Refugiados das Nações Unidas assumiu a administração do BCB, mudando seu nome para Serviço Internacional de Buscas (SIB). Menos de quatro anos depois, o controle voltou para as mãos da Alta Comissão Aliada – órgão formado por Estados Unidos, Grã-Bretanha e França para cuidar de seus respectivos setores do antigo Reich. Quando a Alemanha deixou de ser considerada ocupada, em 1954, o SIB foi transferido para o Comitê Internacional da Cruz Vermelha, que insistiu prontamente em escolher seu próprio administrador para cuidar de todas as operações diárias; para completar, o indicado tinha de ser cidadão suíço. Um longo e triste jogo de empurra de questões financeiras e administrativas fez com que o SIB fosse destinado ao papel de "gata borralheira" da ampla missão arquivística do pós-guerra.

A situação piorou com o cumprimento, em 1955, do Acordo de Bonn, que praticamente ratificou a nova nação da Alemanha Ocidental. Uma das cláusulas do documento proibia a publicação de quaisquer dados capazes de prejudicar antigas vítimas do nazismo ou suas famílias. Apesar de bem-intencionada, a instrução efetivamente bloqueou qualquer investigação pública no arquivo de Bad Arolsen; historiadores e jornalistas não tinham permissão para examinar as pilhas e pilhas de papéis desbotados e, embora as vítimas da tirania pudessem, em teoria, solicitar qualquer informação relevante, elas também acabavam limitadas pelos imperativos da *realpolitik* da Europa moderna.

No começo dos anos 2000 – quando pedi ajuda –, o Parlamento Alemão estava sendo pressionado a criar um fundo para compensar uma média de um milhão de sobreviventes do programa de escravidão e trabalho forçado dos nazistas, uma multidão formada por homens e mulheres enviados do Leste Europeu para trabalhar nas fábricas que mantinham em funcionamento a máquina de guerra de Hitler. Pouco tempo depois, o Bundestag (Parlamento) aprovou uma lei consolidando a Fundação Lembrança, Responsabilidade e Futuro (Stiftung Erinnerung, Verantwortung und Zukunft), que faria pagamentos a quem conseguisse provar ter sido afetado. A maioria das provas necessárias estava no SIB, que foi instantaneamente inundado de pedidos, todos não processados corretamente ou ignorados. Entre eles estava minha carta; recebi uma resposta breve e, ao que se revelaria depois, totalmente equivocada, dizendo que não havia nada com meu nome nos arquivos.

Ainda demoraria sete anos para que os arquivos do SIB fossem abertos na íntegra para pesquisa pública, um tempo perdido que teria um impacto profundo na busca por minha família biológica. O que finalmente me foi revelado por esses documentos bastante pessoais – pois havia muitos – será dito no momento apropriado da minha narrativa, mas, se é meu dever explicar as origens do Lebensborn, preciso fugir um pouco da ordem cronológica e arrancar o véu de segredos que cobria Bad Arolsen na época.

Entre os milhões de documentos retirados da máquina de guerra nazista, havia muitos papéis pessoais de Heinrich Himmler. Eles foram enviados para o SIB, onde várias pastas foram abertas, cada uma dedicada ao grande número de organizações criadas pelo *Reichsführer*, bem como ao bizarro e obsessivo sistema de crenças que lhes servia de base.

A ideia perniciosa de que uma raça era superior à outra teve início nas últimas décadas do século XIX. No começo dos anos 1920, toda uma "ciência" baseada nisso se espalhou pela Europa e pelo Ocidente. A eugenia sustentava que, como algumas pessoas eram qualitativamente melhores do que outras, seria natural e correto melhorar a linhagem genética humana promovendo uma reprodução superior entre pessoas de classe ou raça superiores e, por extensão, reduzir a reprodução dos menos favorecidos. Por mais chocante que essa ideia pareça hoje em dia, na época ela teve o apoio do notável romancista inglês H. G. Wells, bem como de Marie Stopes, fundadora do controle de natalidade moderno, e de dois presidentes dos Estados Unidos, Woodrow Wilson e Theodore Roosevelt.

Houve uma profusão de sociedades eugênicas, geralmente financiadas por opulentas fundações americanas, com o intuito de promover, nas palavras de um artigo de 1911 referente a uma pesquisa financiada pelo Instituto Carnegie, "as melhores formas de eliminar o germoplasma defeituoso na população humana". Esterilização e eutanásia eram os métodos mais sugeridos.

Eram o sistema de crenças e o clima feitos sob medida para os nazistas, pois corroboravam sua crença espúria de que os alemães eram os verdadeiros descendentes de uma estirpe de super-homens arianos (por vezes chamados de nórdicos) cujo destino era dominar o mundo mais uma vez. Em 1925, Hitler propagou esse conceito absurdo em seu manifesto nazista autobiográfico, *Mein Kampf*.

> O que hoje se apresenta a nós como produto da cultura humana, as conquistas da arte, da ciência e da tecnologia, é quase exclusivamente produto da criação dos arianos. Esse fato nos permite chegar à conclusão nada infundada de que o ariano, e tão somente o ariano, é o fundador da humanidade superior, a verdadeira essência do que designamos pelo termo "homem".
>
> Precisamos nos esforçar para preservar a existência e a reprodução da nossa raça e do nosso povo, o sustento dos nossos filhos e a pureza do nosso sangue [...].

Quatro anos depois, ele aprofundou o argumento num discurso durante um desfile do partido.

> Se os alemães tivessem um milhão de crianças por ano e eliminassem entre setecentas e oitocentas mil pessoas mais fracas, o resultado final seria um aumento de força.

Esse se tornaria o refrão usado pelo homem que, em pouco tempo, seria o assecla mais poderoso do Führer: Heinrich Himmler. Ele foi nomeado chefe da SS no mesmo ano em que disse a seus superiores:

> Se conseguirmos estabelecer de novo nossa raça nórdica na Alemanha e arredores [...] e dessa sementeira gerar uma raça de duzentos milhões, o mundo será nosso. Somos convocados, portanto, a criar uma base para que a próxima geração possa fazer história.

A criação dessa base começou logo depois que Hitler tomou o poder, em 1933. Uma de suas primeiras leis foi a Lei para Prevenção de Descendentes Geneticamente Doentes, que exigia dos médicos o registro de todos os casos de doenças hereditárias entre suas pacientes em idade fértil. O não cumprimento da lei acarretava multas exorbitantes. Os primeiros parágrafos da nova lei delimitavam tanto o problema (como os nazistas o viam) quanto sua causa primária.

> *Desde a Revolução Nacional [o golpe pseudolegal que deu a Hitler o poder de governar por decreto] a opinião pública tem se preocupado cada vez mais com questões de política demográfica e o contínuo declínio na taxa de natalidade.*
>
> *No entanto, a verdadeira causa de preocupação não é o declínio populacional, mas sim a composição genética cada vez mais visível do nosso povo.*
>
> *Enquanto a maioria das famílias tradicionalmente saudáveis adotou a política de ter apenas um ou dois filhos, uma quantidade incontável de inferiores e de quem sofre de problemas hereditários está se reproduzindo sem limites, permitindo que sua prole doente e em desvantagem seja um peso para a sociedade.*

Para o modo nazista de pensar, a solução era óbvia: esterilização. Para exigir que se esterilizassem as pessoas consideradas abaixo do padrão, criou-se um sistema de 181 Tribunais de Saúde Hereditária. Foi possível avaliar o efeito imediato desse programa bárbaro devido à quantidade das apelações e a seus resultados: em menos de um ano, quase 4 mil pessoas tentaram reverter a decisão das autoridades, mas apenas 41 conseguiram. Cinco anos depois, no início da Segunda Guerra Mundial, pelo menos 320 mil pessoas tinham sido esterilizadas compulsoriamente conforme a lei.

Embora a nova lei draconiana tratasse do suposto problema dos "inferiores" que poluíam ou enfraqueciam o sangue puro da nação, ela não definia o que esse sangue deveria ser. Assim, em setembro de 1935, um importante médico nazista chamado Gerhard Wagner anunciou em discurso que o governo não demoraria a promulgar uma "lei para a proteção do sangue alemão". Dentro de poucos dias, foi codificada nas Leis de Nuremberg.

Quadro de identificação racial das Leis de Nuremberg, de 1935, mostrando as classificações raciais: alemães, *Mischlinge* (mestiços) e judeus. Somente as pessoas com quatro avós alemães eram consideradas de sangue alemão.

Essas leis classificaram quatro categorias de seres humanos no Estado nacional-socialista. Pessoas com quatro avós alemães eram classificadas como de "sangue alemão ou aparentado"; as que tinham um ou dois avós judeus eram consideradas de "sangue misto" e listadas – em ordem de valor descendente – em duas classes de *Mischling* (mestiço); e quem descendesse de três ou quatro avós judeus era simples e irremediavelmente judeu.

Agora, somente as pessoas formalmente registradas como produto do "sangue alemão ou aparentado" eram "racialmente aceitáveis" e dignas do *status* de *Reichsbürger* (cidadãos do Reich). Os *Mischlinge* eram colocados na categoria inferior dos *Staatsangehörige* (membros do Estado); daí em diante, os judeus foram destituídos

BAD AROLSEN

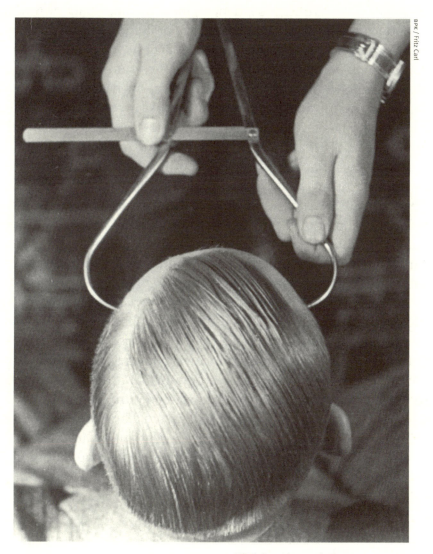

Oficial mede a cabeça
de um garoto com um
compasso de calibre durante
exame racial, em 1937.

de todos os direitos de cidadania, e o casamento entre arianos e não arianos foi proibido.

Os nazistas seguiram adiante na formalização dessas classificações raciais. Adotou-se uma nova série de documentos oficiais – *Der Ariernachweis* ("Certificados Arianos", literalmente) – para provar que o portador era de fato membro da raça ariana. Quem provasse que "nenhum ancestral por parte de mãe ou pai tinha sangue judeu ou não branco", remontando a 1800, obtinha um *Grosser Ariernachweis* (Certificado de Ariano Superior). Quem conseguisse apenas sete certidões de batismo ou de nascimento (correspondendo à sua própria, dos pais e dos avós), ou três certidões de casamento, dos pais e dos avós, recebia um *Kleiner Ariernachweis* (Certificado de Ariano Inferior).

E a loucura burocrática não acabou aí. Dois outros documentos tornaram-se vitais para a vida no Estado nazista: *Ahnenpass* e *Ahnentafel*. O *Ahnenpass* era um certificado baseado nos registros da Igreja, contendo as características raciais dos ancestrais do portador. Literalmente, um "Passaporte dos Ancestrais", muitas vezes complementado por um *Ahnentafel*, uma versão cuidadosamente elaborada da árvore genealógica.

As Leis de Nuremberg e os certificados raciais bizarros que se originaram delas foram não só os primeiros alicerces da decisão nazista de chegar a uma "Solução Final" para a população judaica – o Holocausto –, mas também os principais pilares do outro lado da política de extermínio dos judeus: o programa para criar uma nova raça dominante, formada por arianos de sangue puro, que governaria o Reich de Mil Anos de Hitler. Lebensborn era a organização que possibilitaria esse resultado; e Heinrich Himmler foi seu arquiteto.

Os documentos de Himmler explicavam o porquê da fundação da Sociedade Lebensborn. Segundo ele, sua motivação era benigna e altruísta.

> *Eu criei as casas Lebensborn porque não acho correto que uma moça que tenha a falta de sorte de engravidar fora do casamento seja maltratada por todo mundo [...], por todos esses exemplos de virtude – homens e mulheres – que se acreditam no direito de condená-la ou destratá-la. Não acho correto que ela seja punida, uma vez que o Estado não lhe oferece amparo.*

Logotipo da Sociedade Lebensborn,
retirado de folheto informativo
de cerca de 1939.

Cada mulher nessas casas é chamada pelo primeiro nome – Frau Maria, Frau Elisabeth, *ou o que seja. Dentro das casas, ninguém pergunta se elas são casadas ou não; nós apenas cuidamos dessas mães, educando-as e protegendo-as.*

Ainda que fosse verdade, preciso lembrar que as casas Lebensborn não eram abertas a todas as mulheres que de repente se descobriam grávidas. Judias e *Mischlinge* (mestiças) eram excluídas, é claro, porque Himmler as via como inúteis em termos de raça.

Com a iminência da guerra, os documentos do *Reichsführer* também revelaram uma mudança no propósito do programa Lebensborn, que deixou de ser movido apenas pelo desejo de incrementar o sangue puro ariano dentro da população alemã. Em outubro de 1939, Himmler pensou no futuro e concluiu que seus planos para uma raça dominante sofriam uma grande ameaça.

> *Toda guerra envolve uma perda tremenda do melhor sangue. Muitas vitórias obtidas com a força física foram avassaladoras para a vitalidade e o sangue da nação derrotada. Mas a morte infelizmente necessária dos melhores homens – por mais deplorável que seja – não é o pior. Muito mais severa é a ausência dos filhos que nunca nasceram, tanto para os vivos durante a guerra quanto para os mortos depois dela.*

Como consequência, ele emitiu para os homens sob seu comando uma ordem revolucionária. Em uma declaração com a marca "confidencial" enviada para cada membro da SS e da polícia, o *Reichsführer* os instruiu a cumprir seu dever sagrado para com o Reich sendo os genitores da próxima geração, fossem ou não casados com as futuras mães.

> *Berlim, 28 de outubro de 1939*
>
> *Fora dos limites das convenções e leis burguesas, que talvez sejam necessárias em outras circunstâncias, seria nobre que mulheres e jovens alemãs de sangue bom se tornassem mães (movidas não pela alegria, mas por uma profunda seriedade moral), inclusive fora do casamento, dos filhos de soldados convocados para a guerra, soldados que só o destino dirá se voltarão vivos ou mortos para a Alemanha.*
>
> *Durante a última guerra, muitos soldados, conscientes de sua responsabilidade, decidiram não ter mais filhos para que suas esposas não passassem dificuldade ou sofressem caso morressem em combate. Vocês, homens da SS, não carecem dessas preocupações, resolvidas pelas seguintes regulamentações:*
>
> *1. Representantes especiais, escolhidos pessoalmente por mim, assumirão, em nome do Reichsführer SS, a guarda de todos os filhos legítimos e ilegítimos de sangue bom cujos pais tenham sido mortos na guerra.*
>
> *Daremos apoio às mães e garantiremos o sustento e a educação dessas crianças até a maioridade, para que nenhuma mãe e nenhuma viúva passe por necessidades.*

2. *Durante a guerra, a* SS *cuidará de todos os filhos legítimos e ilegítimos nascidos nesse período e das mães grávidas em casos de necessidade. Depois da guerra, com o retorno dos pais, a* SS *também vai garantir uma generosa ajuda material para pedidos bem fundamentados.*
Homens da SS *e vocês, mães das crianças que a Alemanha tanto espera, mostrem que estão prontos, pela fé no Führer e em nome da sobrevivência do nosso sangue e do nosso povo, a gerar a vida para a Alemanha com a mesma coragem com que sabem lutar e morrer pela Alemanha.*

A ordem não autorizava meramente o sexo livre: ela o exigia. Homens e mulheres racialmente puros, casados ou não, deveriam copular para gerar crianças de modo a garantir a linhagem de "sangue bom" da nação. Não haveria penalidades financeiras por gerar crianças ilegítimas, nem mesmo estigma social.

É impossível negar a natureza radical do decreto de Himmler. Embora os nazistas estivessem no poder há seis anos e tivessem feito muita coisa para destruir os fundamentos tradicionais da família, a Alemanha ainda era uma sociedade religiosamente conservadora. O sexo fora do casamento era tabu, e nem as pessoas, nem as Igrejas estavam preparadas para abandonar seus costumes.

Até mesmo os representantes do Partido Nazista e da Wehrmacht evidentemente reagiram mal à nova política populacional do *Reichsführer*. Himmler, no entanto, continuou firme. Três meses depois da "ordem de procriação", ele emitiu para suas forças uma declaração em que se mostrou inflexível e impenitente.

Gabinete do Reichsführer SS *e chefe da polícia alemã, Berlim, 30 de janeiro de 1940*

Ordem da SS *para todos os oficiais da* SS *e da polícia*

Vocês estão todos cientes da minha ordem de 28 de outubro de 1939, na qual os lembrei de seu dever de, se possível, gerar filhos durante a guerra.

Tal publicação, concebida com senso de decência e recebida com o mesmo senso, declara e discute abertamente problemas reais. Algumas

> *pessoas a interpretaram e a entenderam mal. Portanto, considero necessário que todos conheçam essas dúvidas e interpretações equivocadas e o que há para dizer sobre elas.*
>
> *Objeta-se a clara declaração de que filhos ilegítimos existem e que sempre houve mulheres não casadas ou não comprometidas que se tornaram mães desses filhos fora do casamento, e sempre haverá.*
>
> *Não há sentido em discutir isso; a melhor resposta é a carta do delegado do Führer a uma mulher não casada que envio junto à minha ordem de 28 de outubro de 1939.*

O delegado do Führer era Rudolf Hess. No Natal de 1939, o jornal diário do Partido Nazista, *Völkischer Beobachter*, publicou uma carta aberta a uma mãe solteira imaginária na qual Hess demonstra a nova moral.

> *Tendo a filosofia de vida nacional-socialista atribuído à família o papel no Estado do qual é merecedora, em tempos de emergência nacional pode-se instituir medidas especiais diferentes de nossos princípios básicos. Em tempos de guerra, que envolvem a morte de muitos dos nossos melhores homens, toda vida nova é de especial importância para a nação. Por conseguinte, se jovens racialmente perfeitos vão para o serviço militar e deixam para trás crianças que passam adiante seu sangue para futuras gerações através de uma moça na idade certa e de saúde hereditária semelhante [...] são dados os passos para preservar essa valiosa riqueza nacional.*

Ao evocar Hess – que ocupava na época uma posição de maior privilégio na hierarquia de Hitler –, Himmler sem dúvida buscava proteção política. Contudo, Himmler tinha autoridade absoluta na SS, e sua fé na importância fundamental de sua política populacional para a próxima geração era inabalável.

> *A pior deturpação [de minha ordem original] diz respeito ao parágrafo em que se lê: "fora dos limites das convenções e leis burguesas [...]". De acordo com esse equívoco de interpretação, os homens da SS seriam estimulados a abordar a esposa de soldados em serviço. Embora consideremos essa uma ideia absurda, precisamos discuti-la.*

> As pessoas que espalham ou repetem opiniões como essa, o que pensam das mulheres alemãs? Mesmo que, num país com 82 milhões de pessoas, um homem aborde uma mulher casada movido por motivos desonrosos ou por fraqueza humana, os dois lados são necessários para que aconteça a sedução: ambos querem seduzir e ambos consentem em ser seduzidos.
>
> Além do nosso princípio de que não se deve abordar a esposa de um colega, acreditamos que as alemãs provavelmente são as melhores guardiãs da própria honra. Qualquer outra opinião deve ser rejeitada de forma unânime por todos os homens por ser considerada um insulto às alemãs.

Apesar da indignação declarada do *Reichsführer*, o que ele disse não chegou nem perto de negar que promovia o sexo fora do casamento. O medo de uma frouxidão moral nas organizações nazistas havia crescido nos dois anos anteriores. Em meados de 1937, milhares e milhares de cópias de uma "carta aberta a Goebbels", ministro da Propaganda do partido, foram impressas em segredo e circularam por todo o país. Assinada com o pseudônimo de "Michael Germanicus", ela se referia diretamente à promiscuidade dentro do movimento nacional-socialista.

> [...] os excessos sexuais nas casas de campo e nos acampamentos da Hitler Jugend [Juventude Hitlerista]; os maus costumes nos acampamentos e as garotas da Bund Deutscher Mädel [Liga das Moças Alemãs] resultaram em "mães jovens".

Nem a detenção de quem foi pego em posse da carta aberta, nem a defesa de Himmler da sua "ordem de procriação" suprimiram completamente a preocupação já arraigada nas pessoas de que as casas Lebensborn eram usadas para encontros sexuais entre oficiais da SS e parceiras arianas adequadas. As próprias declarações de Himmler, particularmente sua frase infeliz que descrevia o papel da SS no processo, muitas vezes alimentavam esse rumor infundado: "Nós somente recomendamos homens genuinamente valiosos e racialmente puros como *Zeugungshelfer* [auxiliares de procriação]". Pensando naquela época, foi fácil perceber onde começou o mito de que as casas do programa Lebensborn eram "criadouros da SS".

Apesar dos rumores, não há como negar o papel fundamental da ss no programa Lebensborn, descrito por Himmler numa declaração em janeiro de 1940.

> *Perguntou-se por que as esposas dos oficiais da ss e da polícia recebem cuidados especiais e não são tratadas da mesma maneira que todas as outras. A resposta é muito simples: porque a ss, pela disposição ao sacrifício e por companheirismo, arrecadou os fundos necessários, por meio de contribuições voluntárias dos líderes e oficiais; e esses recursos têm sido repassados há anos à organização Lebensborn.*
>
> *Com esta declaração, todas as dúvidas devem ter sido esclarecidas. Mas cabe a vocês, homens da ss, como em todos os momentos em que visões ideológicas têm de ser esclarecidas, fazer com que homens e mulheres da Alemanha compreendam essa questão sagrada tão importante para o nosso povo, a qual está fora do alcance de zombarias e piadas baratas.*

Se eu quisesse entender o Lebensborn – e, assim, chegar mais perto de resolver o mistério de quem eu era e de onde tinha vindo –, teria de me aprofundar na história e na natureza de uma organização que, mais de 50 anos depois do fim da guerra, ainda tinha o poder de provocar o medo e a repugnância. Eu teria de mergulhar na ss.

A ORDEM

A ss deve conservar um princípio básico como regra absoluta. Devemos ser honestos, decentes, leais e amigáveis com os membros do nosso próprio sangue – e ninguém mais.

Heinrich Himmler,
discurso para os oficiais da SS,
6 de outubro de 1943

O castelo Wewelsburg fica no alto de uma subida íngreme, depois das montanhas sinuosas e das florestas densas da Renânia do Norte/Vestfália. Foi construído originalmente para os bispos-príncipes medievais que governavam o distrito de Paderborn: eles que criaram sua arquitetura triangular única, formada por três torres arredondadas unidas por imponentes paredes de pedra.

Em novembro de 1933, Heinrich Himmler viajava pela região; como estava a cargo da SS, ele buscava um local apropriado tanto para abrigar uma escola de formação ideológica quanto para se tornar seu quartel-general. Quando viu Wewelsburg, a decisão de se apropriar dele foi imediata.

O *Reichsführer* tinha planos grandiosos para adquiri-lo. Sua obsessão com a mitologia do passado da Alemanha o convencera de que Vestfália era o centro da tradição (totalmente fictícia) dos super-homens arianos. Quando finalmente assumiu o controle do castelo, em setembro de 1934, o *Völkischer Beobachter* informou a seus leitores que uma cerimônia luxuosa marcaria a inauguração de uma escola da ss dedicada à pesquisa dos primórdios da mitologia e da história germânicas como a base para uma "formação ideológica e política".

O jornal diário do nazismo não mencionou a verdadeira motivação de Himmler: criar um reduto que, nas palavras dele, seria "o centro do mundo depois da Vitória Final". E, como a organização responsável por esse triunfo seria a ss, Wewelsburg teria de ser transformado numa fortaleza que servisse aos laços místicos de irmandade e os glorificasse.

A ss começou como uma força paramilitar pequena e desorganizada, formada para defender Hitler da violência da década de 1920, quando nazistas armados travavam batalhas com oponentes políticos nas ruas do sul da Alemanha. Quando Himmler foi promovido para chefiá-la, em 1926, seu objetivo era transformar a organização. Uniformes pretos e propositalmente ameaçadores substituíram os antigos, estimados e provincianos; novas regras foram impostas, banindo o fumo e instituindo sessões de treinamento militar.

Quando ele chegou à patente formal de *Reichsführer* três anos depois, a quantidade de membros havia subido de poucas centenas para cinco mil. Nessa época, Himmler havia elaborado novos critérios de recrutamento. Todos os candidatos tinham de medir pelo menos 1,70 m de altura; quem quisesse ocupar os postos básicos precisava servir por 4 anos, subindo a 12 para suboficial e 25 para aspirante a oficial. Apesar da rigorosa exigência, dezenas de milhares de homens se candidataram.

Mas a altura mínima e os anos de serviço exigidos eram apenas o começo. Desde o instante em que assumiu o controle, Himmler estava determinado a formar seus exércitos apenas com homens de sólida e saudável linhagem racial.

Ele redigiu um sistema de avaliação que seria usado por "peritos raciais" escolhidos cuidadosamente para verificar a *Erscheinungsbild* – a aparência física – de cada candidato, antes de distribuí-los em cinco categorias: "nórdicos puros" era a primeira, seguida, em ordem descendente de valor, por "predominantemente nórdicos", "levemente alpinos com dináricos, ou acréscimos mediterrâneos", "predominantemente do Leste" e, por fim, "mestiços de origem não europeia". Para ingressar na SS, era preciso se classificar nos três primeiros grupos; o restante era descartado de imediato.

Mas esse era apenas o primeiro obstáculo. Os que passavam no teste racial eram submetidos a uma rigorosa avaliação de outros atributos físicos. Numa escala de um a nove, quem se classificava de um a quatro era automaticamente considerado aceitável; os homens que se classificavam nas categorias intermediárias, cinco ou seis, poderiam ser aceitos de bom grado na SS, desde que seu zelo pela causa nazista se sobrepusesse à sua inadequação física. Os últimos, por sua vez, cuja aptidão física ou aparência os condenava às categorias entre sete e nove, eram dispensados.

Havia, porém, um critério imposto sem nenhuma flexibilidade. Todo aspirante a membro, a despeito de sua classificação, tinha de apresentar provas documentais de sua ancestralidade racial. Para os alistados, era mandatório que sua linhagem remontasse a 1800; para os oficiais, a 1750. Assim como os cidadãos comuns do Estado nacional-socialista, que logo seriam certificados como mais arianos ou menos arianos, todo membro da SS carregava consigo um *Sippenbuch* (uma documentação genealógica para atestar sua "saúde" racial histórica).

Enquanto escrevo estas frases, luto para encontrar um jeito de expressar a natureza horrenda dessa filosofia. Seria fácil usar palavras como *abominável* ou *grotesco*, mas será que transmitem de fato o verdadeiro horror? Como alemã criada no Reich de Hitler, sempre tive uma consciência muito precisa de onde acabaria a obsessão nazista com a raça: guerra e devastação mundial, é claro, mas também nos campos de concentração e extermínio de Auschwitz, Treblinka e Bergen-Belsen.

Mas, se não podemos esperar que as palavras façam justiça, eu sei – como sabia desde o princípio – que não devo me esquivar dessa história. Meu passado tinha uma ligação inextricável com Himmler e a ss. Em algum ponto de suas ideias deturpadas sobre raça estava a verdade do Lebensborn e as pistas que me permitiriam descobrir minhas origens.

O *Reichsführer* não tinha somente a intenção de criar uma força de homens racialmente puros: na cabeça dele, a ss seria a fundação de uma nova geração, os progenitores de uma raça superior. Esse plano tinha sido articulado a princípio pelo homem que Himmler apontara para liderar sua organização de "reassentamento e raça", a RuSHA: Walther Darré, ex-criador de galinhas que havia voltado para a Alemanha depois de morar na Argentina e que escrevera um manifesto chamado *Sangue e solo*. Em 1929, ele foi impresso pela própria editora do Partido Nazista.

> Do repertório humano da ss, nós criaremos uma nova nobreza, e o faremos de modo planejado, segundo as leis biológicas – como faziam instintivamente os nobres de sangue de outrora.

Himmler, que também já tinha sido avicultor, adotou de corpo e alma a analogia agrícola que embasava os princípios de Darré, segundo quem seria possível *"obter na esfera humana o tipo de sucesso já obtido no reino dos animais e com o gado"*.

O *Reichsführer* também tinha clareza de que a tentativa de criar uma nova geração inteira deveria ser preservada dentro da ss como organização; ele não pretendia permitir que os membros dessa preciosa irmandade se relacionassem fora dos critérios estritos que defendia. Para garantir isso, em 1932, ele expediu um Decreto de Noivado e Casamento para cada membro da Schutzstaffel, contendo dez pontos:

A ORDEM

Heinrich Himmler inspeciona tropas da ss.

1. *A SS é uma associação de homens alemães de determinação nórdica selecionados de acordo com critérios especiais.*
2. *De acordo com a ideologia nacional-socialista, e sabendo que o futuro de nosso* Volk *[povo] depende da preservação da raça pela seleção e da herança saudável do sangue bom, instituo pelo presente decreto a Certidão de Casamento para todos os membros não casados da SS, em vigor a partir de 1º de janeiro de 1932.*
3. *O objetivo desejado é criar um clã saudável, em termos hereditários, de um tipo estritamente nórdico-germânico.*
4. *A certidão de casamento será concedida ou negada tendo como base apenas a hereditariedade e a saúde racial.*
5. *Todo homem da SS interessado em se casar deve providenciar, para esse propósito, a certidão de casamento do* Reichsführer SS.
6. *Membros da SS que se casarem mesmo que suas certidões tenham sido negadas serão eliminados da SS; eles terão a chance de pedir sua baixa.*
7. *Os detalhes das petições de casamento ficam a cargo do Departamento de Raça da SS.*
8. *O Departamento de Raça da SS se encarregará do "Livro do Clã da SS", no qual a família dos membros da SS passará a constar depois de expedida a certidão de casamento ou depois da aceitação da petição para firmar casamento.*
9. *O Reichsführer SS, líder do Departamento de Raça, e os especialistas desse departamento estão obrigados ao sigilo e para tal dão sua palavra de honra.*
10. *A SS acredita que, com esse comando, dá um passo de grande importância. O escárnio, o desprezo e a incompreensão não nos afetam; o futuro pertence a nós!*

Para garantir esse futuro, os casais que buscavam a bênção de Himmler para suas núpcias tinham de preencher um questionário exaustivo, detalhando a cor dos cabelos, dos olhos, da pele e seus atributos físicos, e ao qual – o que é ainda mais bizarro – tinham de anexar fotografias de si mesmos em trajes de banho.

Considerando que o propósito desse processo talvez não tivesse ficado claro, o *Reichsführer* explicitou seu raciocínio numa diretiva à SS sobre sua responsabilidade de criar a nova geração.

> *Um casamento com poucos filhos não passa de uma aventura. Espero que os membros da SS, especialmente seus líderes, sejam um bom exemplo. Quatro filhos é o mínimo necessário para um casamento bom e saudável.*

Mas Himmler também tinha um plano para os homens da SS que não haviam gerado – ou não podiam gerar – uma prole: o programa Lebensborn. Em 1936, nove meses depois de estabelecer a sociedade secreta, ele a colocou sob o controle direto da SS. E deixou claro sua expectativa: os oficiais sem filhos deveriam ajudar o Lebensborn acolhendo pelo menos alguns bebês nascidos em seus lares.

> *No caso de não ter filhos, é dever de cada líder da SS adotar crianças racialmente valiosas, livres de doenças hereditárias, e inculcar-lhes o espírito de nossa filosofia.*

Senti um arrepio na espinha quando li essa frase. Himmler queria que seus oficiais superiores adotassem crianças. Embora eu ainda estivesse no escuro sobre o papel do Lebensborn em relação às minhas origens, sabia que tinha sido criada em um de seus lares; a informação de que a SS tinha participado tão diretamente do programa – e, por conseguinte, da minha infância – não era bom sinal. Tampouco a relação entre o Lebensborn e a SS era simplesmente uma questão de controle burocrático. No primeiro folheto do programa, Himmler deixou bem claro como sua sociedade aparentemente benevolente se entrelaçava à Schutzstaffel uniformizada de preto.

> *As despesas de execução das tarefas [do Lebensborn] serão supridas, num primeiro momento, pela contribuição dos membros. Cada líder da SS ligado a uma sede está moralmente obrigado a se tornar membro. As contribuições variam de acordo com a idade, a renda e o número de filhos do líder da SS [...].*
>
> *Se aos 28 anos ele ainda não tiver filhos, sua contribuição será maior. Aos 38, ele já deve estar com o segundo filho; do contrário, sua contribuição terá um novo ajuste.*

> *Se em determinadas idades acima dos 38 o líder continuar sem filhos, sua contribuição passará por novos ajustes.*
>
> *Quem acredita que pode se esquivar das obrigações para com a nação e a raça continuando solteiro pagará contribuições mais altas, o que o fará preferir o casamento ao celibato.*

Era difícil conciliar a imagem compassiva das casas de maternidade com a má reputação da ss. Como era possível, mesmo para alguém tão tacanho e obcecado pela questão racial como Himmler, não entender que os perversos "regimentos da caveira" causariam medo e desconfiança, e não ternura e confiança? A resposta, ao que se revelou, é que ele não se importava. Ao mesmo tempo que entregou o controle do Lebensborn para a ss, ele escreveu:

> *Sei que muitas pessoas na Alemanha se sentem mal quando veem nossa vestimenta preta. Nós entendemos: não esperamos que muitas pessoas gostem de nós.*

Quanto mais eu leio, mais entendo que, em última instância, a ss era um clã: fechado e exclusivo, concebido de modo a corresponder à crença de Himmler numa ordem moderna de cavaleiros teutônicos que se esforçariam eternamente para encontrar o Santo Graal da pureza racial. E o castelo Wewelsburg estava no centro disso tudo. Sob a direção do *Reichsführer*, o castelo foi reconstruído para refletir essa obsessão. Os cômodos foram nomeados em homenagem a personagens da mitologia – um se chamava "Graal", outro "Rei Artur" –, e, na cripta, duas câmaras foram abertas.

A mais baixa – *Der Obergruppenführersalle* – seria dedicada a rituais místicos que Himmler criara para os 12 líderes mais experientes da ss. Em volta de uma chama central, embaixo de uma suástica esculpida no teto abaulado, o *Reichsführer* planejava realizar cerimônias para celebrar – possivelmente adorar – a morte.

Eis a organização que deveria estar a cargo de nutrir e proteger novas vidas nas casas Lebensborn. Mais de meio século depois de o Terceiro Reich acabar em chamas, essa justaposição de vida e morte parecia pura loucura.

Mesmo assim, Hitler, Himmler e os líderes da declarada missão dos nazistas de criar a próxima geração da Raça Dominante depositaram toda sua fé em seu "inevitável" sucesso. Dois anos depois do início da guerra, Hitler declarou publicamente:

> *Não tenho a menor dúvida de que daqui a, mais ou menos, cem anos toda a elite alemã será produto da SS, pois somente a SS pratica a seleção racial.*

Enquanto isso, o clínico geral Gregor Ebner, agora oficial da SS e nomeado por Himmler como diretor médico do programa Lebensborn, afirmou que "graças às casas Lebensborn, em 30 anos teremos 600 regimentos extras".

Reli a previsão e fiz uma rápida estimativa: de modo geral, um regimento tinha entre 500 e 700 homens. Seiscentos novos regimentos totalmente formados por crianças nascidas em casas Lebensborn? Mesmo na estimativa mais baixa, isso significaria 300 mil bebês.

Seria possível haver de fato centenas de milhares de pessoas como eu – crianças do programa Lebensborn espalhadas pela Alemanha? Se sim, por que nunca ouvi falar desses irmãos e irmãs em custódia? Aliás, onde eu poderia encontrá-los?

ESPERANÇA

*Cuidado com o que deseja quando jovem,
pois o terá na meia-idade.*
Johann Wolfgang von Goethe

Esperei muito tempo por um avanço qualquer.

Desde o momento em que atendi o telefone e a Cruz Vermelha alemã me perguntou se eu tinha interesse em encontrar minha família, eu quase não pensei em outra coisa. Mas, à medida que se arrastavam semanas e meses sem nenhuma resposta das cartas que eu enviara para os arquivos e ministérios, e à medida que eu me aprofundava ainda mais no caráter repulsivo da ideologia racial nazista, comecei a aceitar que minha busca era muito mais antiga. Ao olhar para trás, minha vida inteira parecia ofuscada por segredos. Não importava o quanto eu trabalhasse duramente, não importava o quanto eu me entregasse às crianças pobres e doentes que chegavam ao meu consultório – nada me libertava da infelicidade de não saber quem eu era. E assim eu ansiava, esperava e sonhava descobrir quem eu era.

O telefonema da Cruz Vermelha tinha quebrado o feitiço. Abandonei meu estado meio adormecido, em que via trechos do meu passado apenas em sonhos; a promessa de informações sólidas e confiáveis me despertara. Obter essas informações era o que eu mais queria.

"Cuidado com o que deseja", alertava o poeta, escritor e estadista mais famoso da Alemanha. Talvez eu devesse ter ouvido o velho Goethe.

A carta chegou em outubro de 2000. Era de Jože Goličnik, diretor de um arquivo em Maribor, segunda maior cidade da Eslovênia e capital da região da Baixa Estíria. Eu soube que lá havia um antigo repositório de documentos paroquiais e, como o governo da Eslovênia não tinha me respondido, resolvi tentar a sorte com a Igreja. Escrevi sem muita esperança de que resultaria em algo útil. Mas eu estava errada: o sr. Goličnik disse que tinha encontrado um registro da minha família.

> *O pai de Erika Matko se chama Johann Matko, de Zagorje ob Savi. A mãe dela é de origem croata. O sr. Johann Matko era vidreiro e viveu em Sauerbrunn.*

Sauerbrunn. O lugar existia. Não na Áustria, mas na Eslovênia – ou, mais precisamente, na antiga Iugoslávia. Eu fiquei tão feliz que espontaneamente (e contrariando meu jeito de ser) desatei a cantar, transbordando alegria, alívio e empolgação. Entendi, é claro, que ainda precisava localizar Sauerbrunn, que provavelmente não tinha mais esse nome; a queda do comunismo foi mais lenta na Iugoslávia do que no restante do bloco oriental, mas, quando aconteceu, foi acompanhada de uma guerra civil.

Depois de dissipar a fumaça dos anos sangrentos em que os sérvios lutaram contra croatas, bósnios, montenegrinos e todas as nacionalidades que Tito unificara numa república nos anos 1940, novos países surgiram das cinzas; muitos mudaram o nome de seus vilarejos e de suas cidades.

Mas a carta do sr. Goličnik tinha uma pista: Johann Matko fabricava vidros. Se eu encontrasse uma região onde houve fábricas de vidro, teria uma chance de descobrir o novo nome de Sauerbrunn. Melhor que a pista foram as cópias dos próprios registros paroquiais anexadas à carta, que incluíam a data de nascimento dos Matko. Johann nascera em 12 de dezembro de 1904; sua esposa – Helena Haloschan – era 11 anos mais jovem e nascera em St. Peter, na Croácia, em 8 de agosto de 1915.

Escrevi mais uma vez para o governo da Eslovênia, atualizando meu pedido original com as informações do arquivo em Maribor. Mas minha melhor aposta era procurar a Cruz Vermelha alemã – afinal, foi ela que instigou minha investigação. Tive certeza de que somente sua equipe poderia me ajudar a rastrear os Matko e Sauerbrunn. Enviei a última carta de um volume cada vez maior de correspondências. Depois comecei a pesquisar a fabricação de vidro na ex-Iugoslávia.

A fabricação de vidro era a especialidade regional da Baixa Estíria havia mais de três séculos. De 1700 em diante, espalharam-se fábricas pela região, que produziam cristais caríssimos e primorosos.

O centro dessa tradição era a cidade de Rogaška Slatina. Seu antigo nome? Sauerbrunn. Eu havia encontrado a cidade natal de Erika Matko. Havia encontrado meu lar.

Como descrever meus sentimentos naquele instante? Como meras palavras podem expressar a euforia de finalmente, depois de tantos anos, saber de onde eu vinha e o nome de meus pais biológicos? Parecia que me bastava esticar a mão para tocá-los, o que certamente não demoraria a acontecer. Será?

"Tome cuidado", disse Goethe, e ele estava certo.

Meu otimismo durou poucas semanas antes de ser invadido pela realidade. A Cruz Vermelha me respondeu dizendo que não tinha informações de ninguém de nome Matko, da Iugoslávia, em seus registros de pessoas capturadas ou mortas pelos nazistas. Para piorar, disse que não podiam realizar pesquisas nos arquivos dos países da antiga Iugoslávia e que, se eu levasse adiante minha própria investigação, era grande a probabilidade de eu descobrir que os pais de Erika Matko estavam mortos e que não haviam morrido de causas naturais. A mensagem era clara: embora talvez existissem registros da existência dos meus pais, provavelmente eles tinham sido mortos pelos nazistas depois que os exércitos de Hitler invadiram a Iugoslávia. Mais provável ainda era que quaisquer pistas tivessem desaparecido.

Mas a carta da Cruz Vermelha não foi o pior. Em fevereiro de 2001, recebi a carta que acabou com todas as minhas esperanças de encontrar minha família.

O governo esloveno não tinha sido rápido nem útil desde que eu escrevera pela primeira vez pedindo informações. Então, quando finalmente me mandaram uma resposta substancial, a carta me atingiu como um soco no estômago.

> *Gostaríamos de informar que, segundo a administração local de Rogaška Slatina, eles encontraram [registros de] uma Erika Matko, nascida em 11 de novembro de 1941, mas essa senhora ainda vive na Eslovênia. Desse modo, a ideia de que Ingrid von Oelhafen nasceu como Erika Matko está errada.*

Quantos golpes a gente consegue aguentar? Quantos socos o corpo suporta sem se abalar? Mais ainda que o corpo, quantas decepções e quanta dor o espírito absorve antes de rachar e se estilhaçar diante do ataque? Enquanto escrevo estas palavras, descubro a resposta. Entendo que a geração da qual meus pais vieram, quem quer que sejam eles, enfrentou um sofrimento físico muito maior do que já experimentei na vida. Mas o artifício mais cruel, a dor mais prejudicial de todas, é a tormenta de receber uma oferta de esperança, esticar a mão para alcançá-la e vê-la se distanciar no horizonte.

Sentei-me à mesa do meu apartamento. Segurei a carta na mão e vi meus sonhos e esperanças se dissolverem na minha frente. Por favor, acredite: eu não estava com pena de mim mesma. Não sentia a leve melancolia com a qual nos consolamos de vez em quando; pela primeira vez, tive de encarar o fato de que não era nada, ninguém. Eu sabia havia décadas que não era Ingrid von Oelhafen. Tinha aliviado a ferida com a crença – não, o conhecimento que obtive dos poucos pedaços de papel que carreguei comigo durante anos – de que, um dia, eu tinha sido Erika Matko. Então, eu não era mais Ingrid nem Erika. Eu não era, verdadeiramente, ninguém.

Quando o choque passou, parei para pensar no que estava me custando buscar minha identidade. Prestei atenção em como os altos e baixos da investigação estavam me afetando e percebi que eu tinha passado um ano inteiro numa montanha-russa emocional, ganhando muita altura só para despencar em seguida. E me perguntei se essa busca era realmente necessária – ou, melhor, se valia a pena. Afinal, construí uma vida – bem-sucedida e feliz, em termos gerais – como Ingrid von Oelhafen; e eu tinha documentos alemães oficiais que me certificavam como Ingrid. Na verdade, o que importava eu ter sido – ou não – chamada de Erika Matko no passado? Eu seria de fato mais feliz se resolvesse o mistério de Erika, de seus pais biológicos e do país onde sua vida tinha começado?

Concluí que não. Juntei todas as cartas e anotações da pesquisa numa pasta e as guardei na gaveta. Decidi esquecê-las, pelo menos por um tempo. E, mesmo quando os arquivistas de Bad Arolsen finalmente me escreveram dizendo ter encontrado documentos que relacionavam Erika Matko ao Lebensborn, eu simplesmente guardei a carta com os outros documentos.

Passaram-se meses, passou-se um ano. Enterrei-me no trabalho e distraí a cabeça estudando música. Eu estava aprendendo a tocar flauta e comecei a praticar com mais afinco, perdendo-me nas notas e melodias dos compositores clássicos.

Quando outro envelope foi deixado na minha porta, tinha se passado um ano e meio desde que eu havia guardado a pasta com a etiqueta "Erika Matko". Se a carta fosse de qualquer outra pessoa, talvez tivesse se juntado às outras. Mas o envelope era de Georg Lilienthal – um convite, na verdade. Pela primeira vez na história, haveria um encontro de crianças do Lebensborn. Ele perguntava se eu gostaria de participar.

Gostaria? Honestamente, eu não sabia. Será que conseguiria voltar para aquela jornada cheia de becos sem saída, pistas falsas e obstáculos aparentemente intransponíveis? Será que eu estava disposta a reabrir velhas feridas? Ainda que sim, com o que eu poderia contribuir para o encontro?

Peguei a pasta abandonada com todos aqueles documentos nazistas obscuros e cartas contraditórias. O que eu poderia dizer para as pessoas? Fiquei aflita, revolvendo a situação na cabeça.

Por fim, entendi que eu não tinha escolha. Não podia mais trancafiar o mistério numa gaveta e fingir que ele não existia. As perguntas sobre quem eu era e de onde eu vinha faziam parte da minha vida desde o dia em que *Frau* Harte, a antiga governanta do meu pai, me dissera que eu não era filha legítima de Hermann e Gisela. Elas continuavam no meu inconsciente, oprimindo minhas emoções – e talvez moldando minhas ações – havia mais de 50 anos. De nada adiantaria me esconder delas. Eu teria de ir ao encontro.

Então, em outubro de 2002, coloquei as malas no carro e comecei uma longa viagem para o sul. Seriam 260 km da minha casa em Osnabruque até a cidade onde seria o encontro. Aos 61 anos de idade, eu estava trocando meu refúgio e minha segurança por uma nova jornada rumo ao que parecia ser um passado perigoso e doloroso. Hora de conhecer minha infância.

RASTROS

*Não somos perfeitos.
Temos as mesmas doenças
e defeitos que todo mundo.*

Ruthild Gorgass, criança do Lebensborn

Hadamar é uma cidadezinha localizada entre Colônia e Frankfurt. Ela fica ao sul de Westerwald, a longa e baixa cadeia montanhosa que se estende pela margem leste do rio Reno.

Hoje ela é conhecida por seus conceituados institutos dedicados à psiquiatria social e forense e por um obelisco em homenagem às vítimas do programa nazista de eutanásia "Ação T-4". Georg Lilienthal e outros historiadores descobriram em suas pesquisas que, entre 1941 e 1945, milhares de pessoas com deficiência ou "indesejáveis" por outros motivos, inclusive crianças, foram levadas para Hadamar para serem esterilizadas ou mortas.

Essas ações estavam ligadas às ideias sobre pureza racial e eugenia desenvolvidas por pesquisadores alemães. Embora o Ação T-4 tenha acabado oficialmente em 1941, o programa na verdade durou até a rendição da Alemanha, em 1945. No total, quase 15 mil cidadãos alemães foram enviados para o hospital e morreram lá, a maioria numa câmara de gás. Nesse lugar é que eu me encontraria com outras crianças do Lebensborn.

Elas não eram mais crianças, é claro. Assim como eu, as 20 pessoas, entre homens e mulheres, que se reuniram naquela manhã de outubro já tinham passado dos 60 anos e beiravam a aposentadoria. Eu estava nervosa quando me sentei. Um por um, nos apresentamos; quando chegou minha vez, fiz questão de dizer a única frase que eu tinha ensaiado. *"Meu nome é Ingrid von Oelhafen. E eu não sei de nada."* E desatei a chorar.

Meus companheiros foram gentis e amigáveis. A investigação pessoal de cada um estava bem mais adiantada do que a minha, e como eles também haviam passado pelas mesmas emoções, sentiram compaixão por minha angústia. Pouco a pouco, à medida que contavam suas histórias, comecei a entender a dura brutalidade do programa Lebensborn; e, como cada nova revelação era um choque terrível, também descobri que saber a verdade me acalmava um pouco.

Ruthild Gorgass foi uma das primeiras crianças do Lebensborn a encontrar e contatar outras pessoas nascidas ou introduzidas no programa. Ela tinha mais ou menos a minha idade; alta, de olhos azuis e cabelo loiro curto. Era fisioterapeuta como eu e também tinha um diário mantido pela mãe, o que a ajudou a entender a história de seu nascimento. Gostei dela imediatamente e me senti confortável em sua presença.

A história de Ruthild também era uma boa introdução ao Lebensborn. Quando nasceu, seu pai tinha 41 anos. Ele havia sido tenente do Exército Alemão durante a Primeira Guerra Mundial. Em 1916, foi gravemente ferido na Batalha de Verdun, seu peito e suas costas ficaram repletos de estilhaços de bomba.

Filiou-se ao nazismo na década de 1930 e, quando começou a Segunda Guerra Mundial, ele era um figurão da indústria química. Também era casado e tinha um filho adolescente. Apesar disso, em algum momento ele conheceu a mãe de Ruthild e os dois tiveram um caso. Ela era secretária da Câmara do Comércio de Leipzig, 18 anos mais nova que ele; pouco antes do Natal de 1941, descobriu que estava grávida. Sua situação se encaixava perfeitamente no objetivo original do programa Lebensborn: os pais haviam morrido, ela não tinha se casado, gerava um filho ilegítimo e corria o risco de ser humilhada pela família e discriminada pela comunidade. Além disso, o pai dela era um nazista de carteirinha, e tanto ele quanto a esposa conseguiram provar que sua pureza racial remontava a várias gerações. Em meados de 1942, os dois partiram juntos na jornada de 170 km de Leipzig a Wernigerode, uma cidadezinha cravada na espetacular cordilheira de Harz, na Saxônia. Ali, no coração da velha Alemanha, Himmler fundara uma casa de maternidade Lebensborn. E ali, em 1942, Ruthild nasceu.

Heim Harz era uma das 25 casas Lebensborn estabelecidas em toda a Alemanha e nos países dominados por seus exércitos. Havia 9 casas dessas na Alemanha, 2 na Áustria, 11 na Noruega, 1 na Bélgica, 1 em Luxemburgo e 1 na França. Geralmente, ocupavam prédios que antes pertenciam a inimigos políticos de Hitler ou a famílias judias abastadas; a sede central da organização em Munique pertencera a Thomas Mann, escritor e ativista antinazista exilado.

Alguns locais foram mobiliados com bens confiscados de pessoas enviadas para campos de extermínio, e eram abastecidos com equipamentos médicos de ponta para que Himmler tivesse a garantia de que seus preciosos bebês de sangue puro chegariam ao mundo em segurança.

E eles chegavam. Em 1939, dr. Gregor Ebner, diretor médico do Lebensborn, mandou um relatório para Himmler detalhando o sucesso do programa. Mais de 1.300 grávidas solicitaram parto nas maternidades. Exames raciais e de saúde hereditária reduziram o número pela metade – 653 futuras mães foram aceitas. Na época, a taxa de mortalidade neonatal da Alemanha era 6%; no conforto do Lebensborn, a taxa caiu para a metade.

> Os partos são muito tranquilos, sem grandes complicações. Isso se deve à seleção racial e à qualidade das mulheres que conseguimos.

Todo esse sucesso tinha um preço. Ebner relatou que cada mãe custava a quantia substancial de 400 reichsmarks. Mas, disse ele, *"não é nenhum sacrifício quando somos capazes de salvar mil crianças de sangue bom".*

O sangue era de suma importância. Cabia ao programa Lebensborn a responsabilidade de prover e assegurar a próxima geração – uma raça suprema, gerada por seleção, para governar o império global do Reich de Mil Anos de Hitler. Havia até um *slogan* que resumia o dever das mulheres de dar à luz nas casas de maternidade: *"Schenkt dem Führer ein Kind"* – "Dê uma criança ao Führer".

Mas, embora a saúde física das mães do Lebensborn fosse a principal preocupação de Himmler, ele também estava determinado a monitorar e direcionar o bem-estar político dessas mães. Para garantir que saíssem da maternidade transformadas em nazistas ainda mais dedicadas do que quando chegaram, as mulheres participavam de aulas semanais de "educação" ideológica durante sua estada. Nessas aulas, elas assistiam a filmes de propaganda, liam capítulos do *Mein Kampf*, ouviam palestras pelo rádio e participavam de cantorias coletivas de hinos do partido.

A equipe de funcionários também era atentamente monitorada e orientada a preencher questionários detalhados sobre cada uma das mães sob seus cuidados.

Esses *RF (Reichsführer) Fragebogen* (literalmente, "questionário") registravam cada aspecto da personalidade das mães, como seu comportamento nas casas, sua coragem (ou covardia) durante o parto e seu compromisso com a causa nacional-socialista; cada questionário era enviado para Berlim para a consideração especial do *Reichsführer* SS.

Mas isso não era um mero requinte burocrático. Himmler se dedicava aos questionários até no meio da guerra – num momento em que supervisionava os assassinatos indiscriminados nos campos de extermínio e todo o aparelho do terror nazista por toda a Europa –, decidindo caso a caso se daria permissão para as mães terem um segundo filho no Lebensborn no futuro.

Na verdade, ele supervisionava cada aspecto da vida nas casas, desde os aparentemente triviais até os mais absurdos. Numa ocasião, ele pediu a seu assistente pessoal, o SS *Stamdartenführer* Rudolph Brandt, para escrever ao chefe do Lebensborn pedindo que se mantivesse um registro do formato dos narizes.

> *O* Reichsführer SS *solicita que seja feito um fichário especial de todas as mães e pais que tenham nariz grego, rudimentar ou não. À guisa de exemplo, refira-se à mãe do Questionário L6008,* Frau *I. A.*

O controle absoluto de Himmler se estendia à dieta fornecida para as mães de sua nova geração de superbebês. Ele emitia uma série de notas instruindo as cozinheiras sobre a maneira correta de cozinhar legumes no vapor e exigindo que a supervisão das casas fizesse as mulheres comer mingau – aparentemente, por considerar o mingau um fator importante na formação de características racialmente admiráveis da aristocracia inglesa. Só para garantir, também insistia em doses regulares de óleo de fígado de bacalhau – para a repulsa evidente de quem o tomava. Himmler também visitava os lares, verificando o progresso das mulheres e dos bebês. O envolvimento dele era tão completo que os bebês nascidos no dia de seu aniversário eram formalmente registrados como seus afilhados e recebiam uma lembrança especial – uma xícara de prata com dois nomes gravados: o dele e o do bebê.

Para mim, todos esses detalhes da vida no Lebensborn eram atordoantes. Como o segundo homem mais poderoso do Reich encontrava tempo para controlar a vida diária de 25 casas? E por quê?

Mas logo me esqueci dessas esquisitices. As histórias sobre o Lebensborn que ouvi em Hadamar naquele dia revelavam um lado muito mais sinistro e obscuro das casas, ligado diretamente à Schutzstaffel.

Ruthild me contou que ela e outras crianças passaram por uma cerimônia de atribuição de nomes quase religiosa, durante a qual foram dedicadas a Hitler e à irmandade da ss.

Esse ritual de *Namensgebung* (em tradução livre, "atribuição de nomes") era uma versão distorcida do tradicional batismo cristão, com um altar coberto por uma bandeira de suástica e um busto ou uma foto do Führer em destaque. Diante de um grupo formado pelos funcionários do Lebensborn e por oficiais da ss uniformizados, mães como a de Ruthild prometiam que suas crianças seriam criadas como bons nazistas; elas entregavam os bebês para um oficial da ss, que entoava uma "bênção". Parece ter havido diferentes versões dessa liturgia, mas a essência era a mesma.

> *Acreditamos no Deus de todas as coisas*
> *E na missão do nosso sangue alemão*
> *Que se rejuvenesce cada vez mais a partir do solo alemão.*
> *Acreditamos na raça, condutora do sangue,*
> *E no Führer, escolhido por Deus para nós.*

Em seguida, erguia-se uma adaga da ss sobre a criança e o oficial superior dava-lhe formalmente as boas-vindas à irmandade da ss.

> *Nós te acolhemos em nossa comunidade como membro do nosso corpo. Crescerás sob nossa proteção e honrarás teu nome, orgulharás tua irmandade e glorificará eternamente tua raça.*

Fiquei abalada com esses relatos. Como era possível que uma mãe entregasse seu filho precioso aos cuidados – se é que podemos usar essa palavra – de uma organização como a ss? Que tipo de pais faria algo assim tão terrível? E comecei a pensar se isso teria acontecido comigo. Como dissera para o grupo no início, a única coisa que eu sabia sobre minhas origens é que tinha sido um bebê da casa Lebensborn de Kohren-Sahlis. Será que me consagraram ao serviço dos nazistas?

Revelações ainda mais terríveis estavam por vir. Eu sabia, é claro, que Himmler havia fundado o Lebensborn para criar uma geração ariana de sangue puro. Mas eu não tinha entendido até que

Um bebê do Lebensborn é entregue aos cuidados da ss durante o ritual de "batismo" *Namensgebung* dentro de uma casa Lebensborn.

Oficial da ss entoa a liturgia *Namensgebung* com o bebê deitado na frente de um altar dedicado a Adolf Hitler.

133

ponto a organização iria para garantir que essa *Herrenrasse* – essa raça superior – fosse livre de qualquer deficiência física.

O nome era *Kinderfachabteilung*. Em tradução literal, "ala das crianças". Parece uma expressão inocente, mas não. Como parte do programa de eutanásia Ação T-4, as crianças que nasciam no Lebensborn doentes, com atraso de desenvolvimento ou deficiência intelectual eram mortas.

Jürgen Weise nasceu na casa Lebensborn de Bad Polzin em 5 de junho de 1941. O diretor do Lebensborn – Max Sollman, nazista fiel – ordenou que Jürgen fosse levado para a *Kinderfachabteilung* em Brandemburgo, perto de Berlim. Lá lhe deram tranquilizantes e o deixaram de propósito sem cuidados e sem alimentação. Em 6 de fevereiro de 1942, o bebê morreu; ele tinha 6 meses de idade.

Jürgen Weise não foi o único bebê com deficiência assassinado em nome da força e da pureza raciais. Em 2002, quando houve o encontro em Hadamar, as pesquisas sobre o assunto estavam só começando, dificultadas pela relutância dos arquivos oficiais em dar acesso aos documentos da era nazista; mas a *Kinderfachabteilung* de Brandemburgo havia sido exposta vários anos antes, e havia provas contundentes de que 147 crianças tinham sido mortas lá – incluindo uma quantidade indefinida enviada para lá pelo Lebensborn.

Para mim era difícil absorver – quanto mais compreender – essa história. Dediquei minha vida a crianças deficientes. Vi a alegria que meu trabalho provocava nelas e nos pais. Senti o amor que transborda quando ajudamos crianças como Jürgen a superar sua deficiência. Que tipo de burocrata desumano aniquilaria com essa facilidade uma vida tão preciosa? Acrescentei Max Sollman à lista de nomes que eu queria pesquisar.

Talvez hoje minha reação pareça estranha e um pouco ingênua. Sabemos, é claro, que os nazistas assassinaram milhões de judeus em campos como Auschwitz e Bergen-Belsen, de maneira cruel e explícita. Por que homens como Himmler e Hitler se importariam com a morte de alguns bebês nascidos em segredo e escondidos da sociedade? Mas, de acordo com sua própria ideologia deturpada, essas crianças eram especiais: elas só nasceram no Lebensborn porque seus pais foram submetidos a exames e avaliações que os classificaram como uma linhagem apropriada para a geração da raça superior. Isso simplesmente não entrava na minha cabeça.

Então, olhei ao redor para os homens e as mulheres que um dia fizeram parte do programa Lebensborn. Olhei atentamente para o rosto de cada pessoa, tentando encontrar algum sinal de que esses sobreviventes – pois é o que devem ser – do experimento de Himmler fossem de fato super-humanos.

Ruthild respondeu à minha pergunta silenciosa. Ela tirou os óculos, esfregou os olhos e disse: "Nós não somos perfeitos. Temos as mesmas doenças e limitações que as outras pessoas".

Então qual era o propósito? O maior sonho de Himmler era uma geração de superarianos tão fortes e impecáveis que, quando crescessem, se tornariam a aristocracia natural do Estado nacional-socialista e das nações inferiores que ele governasse. Porém, seu programa parece ter gerado nada mais notável do que o grupo de homens e mulheres comuns sentados à minha volta.

No entanto, havia duas características muito marcantes na maioria daquelas crianças do Lebensborn: uma ferida emocional profunda e a impressão palpável de vergonha. A ferida emocional originava-se de um problema que eu podia compreender facilmente. Por começarem a vida num programa clandestino, todos cresceram com a dor de serem incapazes de descobrir a verdade sobre seu nascimento.

Esse segredo era manipulado com cuidado desde o princípio. Médicos e funcionários das casas Lebensborn tinham de prestar um juramento de silêncio em que se comprometiam a respeitar *"a honra das mulheres grávidas, tivessem elas concebido antes ou depois do casamento"*. Além disso, em junho de 1939, Himmler emitiu uma ordem para proteger a identidade de crianças ilegítimas nascidas nas casas Lebensborn.

> *Em cumprimento de um acordo firmado entre o ministro do Interior do Reich e a organização L, deve-se manter segredo sobre a origem de crianças ilegítimas nascidas nas casas Lebensborn por tempo ilimitado. O Reich fornecerá um certificado confirmando a linhagem ariana*

para a criança. Esse certificado pode ser gerado para as crianças que nasceram em uma casa Lebensborn quando entrarem para a escola, para a Juventude Hitlerista e para instituições de educação superior, sem a menor dificuldade.

Essa determinação de tornar confidencial todos os aspectos das crianças do Lebensborn se estendia aos registros mantidos sobre os partos. A organização de Himmler montou um centro de registros especiais para documentar os nascimentos; esse centro ficava separado de outros departamentos do Reich e funcionava em sigilo total. O nome das mães podia aparecer nos arquivos, mas a identidade do pai geralmente era omitida.

E muitos desses registros editados de propósito acabaram desaparecendo; nos últimos dias da guerra, com as forças aliadas se acercando das casas, a equipe do Lebensborn destruiu boa parte dos papéis da organização. Como resultado, a maioria das crianças nascidas nas casas Lebensborn cresceu sem conhecer o pai – e, a menos que a mãe tenha quebrado o pacto de silêncio, totalmente incapaz de descobrir a verdade.

Em particular, isso afetava as crianças entregues a pais de criação. Mas mesmo aquelas que ficaram com a mãe biológica, como aconteceu com Ruthild, viram ser impossível obter informações. Muitas mães eram vagas quando falavam do tempo passado na casa Lebensborn; outras se recusavam categoricamente a discutir o assunto.

Eu conheço a sensação. Embora ainda não soubesse como me encaixava na história do Lebensborn, conhecia os muros do sigilo parental; como Georg Lilienthal me alertara, Gisela certamente escondeu muita coisa que sabia sobre minha vida.

Por que outras mães também fizeram isso? O motivo era a segunda característica evidente em muitas das crianças do Lebensborn sentadas ao meu lado em Hadamar. A vergonha é um sentimento poderoso, e o clima político na Alemanha pós-guerra não tinha nada que estimulasse a honestidade sobre o envolvimento com uma organização tão insultante e temida como a SS.

Um dos homens que estava conosco falou abertamente sobre a culpa e a vergonha que arruinaram sua vida. E a história dele abriu meus olhos para outro aspecto do programa Lebensborn. Hannes Dollinger cresceu na Baviera, onde o casal que ele acreditava ser seus pais tinha uma pensão. Mas, quando entrou para a escola, ouviu rumores de que era adotado. Ao questionar insistentemente com os pais para que lhe dessem uma explicação, eles o puniram e o obrigaram a nunca mais tocar no assunto.

Ele só foi descobrir a verdade aos 50 anos de idade. Assim como *Frau* Harte, que um dia me contara que Hermann e Gisela não eram meus verdadeiros pais, um antigo empregado da família de Hannes lhe contou, no leito de morte, que ele tinha sido acolhido. Se esse fato já era chocante, a história de como ele foi parar na Baviera era muito pior.

A Noruega era o país ocupado por Hitler mais distante da Alemanha na direção norte. A Wehrmacht a invadiu em abril de 1940, e até o fim da guerra o país foi comandado por um governo colaboracionista que cumpria com entusiasmo as ordens dos nazistas. Havia muitos anos que Himmler já via a população local, de olhos azuis e cabelos loiros, como arianos *de facto*. Ele e seus oficiais encorajavam enfaticamente encontros amorosos entre oficiais da SS ou da Wehrmacht e mulheres norueguesas e estabeleceram uma rede de casas Lebensborn onde os bebês gerados por esses encontros nasciam; depois esses bebês eram enviados para o Reich e entregues a casais aptos para criação ou adoção.

O legado desse colaboracionismo foi extenso e amargo. Ao contrário da equipe do Lebensborn que acendeu fogueiras de última hora por toda a Alemanha, a SS na Noruega não conseguiu destruir seus arquivos. Como resultado, milhares de mães e de crianças do Lebensborn foram identificadas depois da guerra e encararam a fúria de seus compatriotas. As mulheres e seus filhos eram acossados por vizinhos ou colegas de escola. A polícia prendeu entre 3 e 5 mil mães que tinham dormido com alemães e as conduziu em marcha para campos de internamento. O diretor do maior hospital psiquiátrico da Noruega declarou publicamente que as mulheres que haviam se relacionado com alemães eram "doentes mentais" e afirmou que 80% de seus filhos eram retardados.

Hannes descobriu que era uma dessas crianças. Pesquisando suas origens, ele soube que sua verdadeira identidade era Otto Ackermann, nascido em setembro de 1942 em uma casa Lebensborn perto de Oslo. De lá ele transitou como um pacote pela Alemanha, primeiro até uma casa Lebensborn em Klosterheide, perto de Berlim, depois para Kohren-Sahlis, a casa onde fui criada.

Por fim, após ser levado para uma casa Lebensborn localizada onde era então a Polônia, ele foi entregue a seus pais de criação na Baviera. Custou-lhe muitos anos percorrer esse longo e complicado caminho. Ele acabou descobrindo o nome de sua mãe biológica, mas na época ela já tinha morrido. Seu pai, um soldado da Wehrmacht, foi morto nos últimos meses da guerra. Seus pais de criação também tinham falecido.

Em muitos aspectos, Hannes era típico da nossa geração de alemães – ironicamente, uma vez que não era de fato alemão. Ele era funcionário do governo local e conhecido por fazer tudo dentro dos padrões. Desse modo, informou ao governo federal que seu nome verdadeiro era Otto Ackermann, nascido na Noruega, e pediu a alteração de seus documentos. Para seu tormento, o governo o declarou apátrida – e, por lei, apátridas não podiam assumir cargos públicos. Ele passou dois longos e difíceis anos até o governo lhe oferecer cidadania alemã, e mesmo assim, para obtê-la, precisou abrir mão de seu nome original.

Foi doloroso ouvir a história de Hannes. Boa parte dela era um reflexo da minha própria vida – a casa de Kohren-Sahlis, o problema de ser declarada apátrida –, mas as experiências dele pareciam ter sido muito piores. Quase me senti sortuda, talvez agradecida, por saber tão pouco sobre minhas origens.

No entanto, ao mesmo tempo, eu sabia que essa questão ainda pesava sobre mim. Eu havia aprendido muita coisa sobre o programa Lebensborn e a vida em suas casas, mas ainda não sabia como me encaixava nessa história. Os documentos que encontrara no quarto de Gisela mostravam que eu tinha sido acolhida como parte de um processo chamado "germanização". Nem o relato de Ruthild nem o de Hannes esclareciam essa palavra misteriosa.

Até que outro membro do grupo se dispôs a falar. Finalmente, comecei a entender o pior horror do experimento de Himmler e como me tornei parte dele.

Folker Heinecke era seis meses mais velho que eu. Um homem alto, bem vestido, que enriqueceu como corretor de barcos em Hamburgo e Londres. Mas, embora fosse financeiramente próspero, passou boa parte da vida profundamente perturbado por saber que tinha sido criado em uma casa Lebensborn e que, em 1943, a organização cuidara de sua adoção.

> *A primeira coisa de que me lembro na vida é estar numa sala com outras trinta crianças. Eu me lembro das pessoas entrando, enquanto éramos enfileirados como cães de estimação para que novos donos nos escolhessem. Esses donos seriam meus pais. Eles foram embora e voltaram no dia seguinte. Minha "mãe" aparentemente queria uma menina, mas meu "pai" queria um menino capaz de levar adiante os negócios da família. Deitei minha cabeça no colo dele e foi o bastante para que me escolhesse como filho.*

A nova família de Folker era rica e bem-relacionada. Adalbert e Minna Heinecke eram nazistas fanáticos, donos de uma empresa de navegação em Hamburgo. Adalbert também era surdo e, segundo as duras regras do Lebensborn, não deveria ter sido autorizado a criar, muito menos adotar, uma das preciosas crianças do programa.

Mas Adalbert também era amigo pessoal de Heinrich Himmler; tanto o *Reichsführer* quanto Martin Bormann, secretário pessoal de Hitler e um dos homens mais poderosos do regime nazista, frequentavam a casa da família.

Como muitos outros alemães, os Heinecke mantinham um galinheiro. Como o *Reichsführer* tinha sido avicultor e defendia fortemente a aplicação dos princípios de reprodução de aves para a espécie humana, era natural que ele e Adalbert conversassem enquanto observavam as aves da família. Por fim, Himmler carimbou o papel autorizando a adoção de Folker.

Folker se recordava de ter tido uma infância feliz. Mesmo no auge da investida aliada na Alemanha, quando ele viu bombardeiros da Royal Air Force (RAF) cruzando o céu, enfrentando a defesa antiaérea e os holofotes em suas incursões sobre o território inimigo, sua principal lembrança era de achar a guerra emocionante. Ele nunca passou fome graças ao dinheiro da família, e foi só depois da guerra que descobriu ter sido acolhido.

> *Eu estava brincando com um menino da vizinhança quando ele me disse: "Você sabe que é adotado, não é? Eles não são seus pais verdadeiros". Mas na época eu não sabia o que significava isso.*

A família Heinecke nunca contou para Folker de onde ele vinha ou como tinha sido pego para a criação. Quando o pai se aposentou, Folker assumiu o controle da empresa e tirou proveito da carreira de sucesso.

Seus pais morreram em 1975. Ao vasculhar os papéis do pai, ele encontrou uma série de documentos oficiais que nunca tinha visto antes. Havia registros de que ele tinha nascido em Oderberg, na Alta Silésia. A região tinha sido anexada ao Reich de Hitler, mas, depois da guerra, foi devolvida aos territórios da nova República da Polônia. Os papéis também indicavam (falsamente, ao que se constatou) que seus pais biológicos tinham morrido – daí a necessidade de acolhimento.

A descoberta levou Folker a investigar suas origens. Ele procurou a Cruz Vermelha alemã, o Exército Britânico de Ocupação, as autoridades americanas e mais de 30 outras agências e arquivos da Igreja. Aos poucos, começou a montar o confuso quebra-cabeça de seu passado. Mas, na época, a Polônia ainda estava trancada atrás da Cortina de Ferro; era difícil, mesmo para alguém com sua riqueza, obter acesso a seus arquivos. Foi só depois da queda do comunismo e da reestruturação do Leste Europeu, a partir de 1989, que ele finalmente descobriu a verdade.

Himmler sonhava em ver o Lebensborn produzir dezenas de milhares de bebês de raça pura. Em 1941, no entanto, sua esperança foi perdendo força, em parte porque metade das grávidas que solicitavam parto nas casas do programa era rejeitada devido aos rigorosos critérios de seleção.

A ss também não correspondia às expectativas de seus líderes; seus membros não satisfaziam o requisito de gerar pelo menos quatro filhos, e a taxa de natalidade empacou em 1,5. Ainda faltava muito para chegar aos 600 novos batalhões de bebês previstos por Gregor Ebner, o diretor médico – isso se fosse possível chegar a esse número.

Além disso, os líderes nazistas sabiam que seus futuros guerreiros seriam fundamentais para a sobrevivência do Reich de Mil Anos. Hitler sempre tivera a ideia de uma guerra total e mundial, seguida da ocupação permanente das terras conquistadas. Mas, em 1941, a guerra já provocava a perda de milhares de alemães por semana. O plano de Himmler de criar uma nova geração de bebês arianos puros nascidos nas casas Lebensborn não seria suficiente para cobrir as baixas. Então, ele abraçou uma nova estratégia: deu instruções secretas a seus soldados e oficiais para raptarem crianças "racialmente valiosas" dos países que controlavam.

Foi difícil para mim assimilar o que Folker dizia. Como alguém seria capaz de ordenar o roubo generalizado de crianças, mesmo alguém tão desumano e odioso como o *Reichsführer* ss? Mas era verdade; havia até a gravação de um discurso de Himmler para os oficiais da ss justificando essa política.

> *O que houver do nosso sangue bom nesses povos, nós vamos tirar, e até roubar as crianças, se necessário, e trazê-las para cá.*

Esse novo plano recebeu o nome de *germanização* – a palavra que eu nunca tinha entendido nos meus documentos. Agora eu começava a perceber o que ela significava na prática.

A tragédia de Folker foi que, aos dois anos, ele parecia alemão: de cabelo loiro e olhos azuis, o mundo o via como um ariano de sangue puro. Por causa disso, ele foi arrebatado dos pais por oficiais da ss e levado para um instituto médico para avaliação racial completa.

> *Eles me mediram inteiro – cabeça, corpo –, e os médicos me reavaliaram para garantir que eu não tinha nenhum "aspecto judeu". Quando passei nos testes, os alemães me declararam apto à germanização e me despacharam de navio para uma casa Lebensborn.*

Depois de um breve período em uma casa Lebensborn em Bad Polzin, ele foi enviado para o mesmo lugar mencionado nos meus documentos: Kohren-Sahlis. Não havia dados plenamente confiáveis sobre a data de sua chegada, mas, pelo que ele sabia, parece que estivemos na casa na mesma época. Fiquei empolgada com a ideia e tentei recuperar a todo custo alguma recordação. Mas não me lembrava de nada daquele lugar. Eu me senti muito frustrada por estar tão perto de alguém que poderia ter feito parte dos meus primeiros anos de vida e mesmo assim não conseguir me lembrar de absolutamente nada.

Nossas histórias tinham outras semelhanças. Os documentos de Folker mostravam que ele tinha sido escolhido pela família Heinecke em Kohren-Sahlis, o mesmo lugar onde Hermann e Gisela foram me buscar. Será que também me colocaram na fila da inspeção como "cão de estimação", na descrição de Folker, para ser examinada pelos meus futuros pais de criação?

As investigações de Folker também revelaram que o Lebensborn dava identidades totalmente novas aos bebês estrangeiros raptados e também forjava documentos falsos, declarando-os como órfãos alemães ou crianças etnicamente arianas da diáspora alemã: *Volksdeutsche*. Mais uma vez, reconheci a palavra: o Lebensborn a usara para me descrever nos papéis que encontrei no quarto de Gisela.

As peças começaram a se juntar. De acordo com os documentos, meu nome era Erika Matko, uma *Volksdeutches mädchen* (em tradução literal, "menina do povo alemão"). Eu vinha de Sauerbrunn (onde quer que fosse) e fui parar na casa Lebensborn de Kohren-Sahlis para germanização, antes de ser entregue aos Von Oelhafen para ser criada como uma alemã "real". Na verdade, eu fazia parte do esquema da campanha *Schenkt dem Führer ein Kind*. Eu era uma das crianças de Hitler.

Foi pavoroso descobrir que eu fizera parte de algo tão frio e calculista; apesar disso, senti, pela primeira vez, que finalmente estava perto de resolver o mistério sobre minha verdadeira identidade.

Ainda restava a maior questão de todas: se eu era (ou tinha sido) Erika Matko. A resposta do governo esloveno à minha carta parecia provar que eu poderia não ser – embora os poucos documentos originais que consegui reunir mostrassem o contrário.

A história de Folker Heinecke sugeria uma resposta para o quebra-cabeça. Baseado nas próprias investigações, ele acreditava que o nome registrado nos documentos do Lebensborn poderia não ser genuíno e que o local de nascimento também poderia ser falso. A direção do Lebensborn evidentemente fazia o possível para apagar a identidade original das crianças roubadas dos territórios ocupados pelo Reich.

Ele descobriu documentos nos arquivos do Tribunal de Crimes de Guerra de Nuremberg que contavam a história de um bebê chamado Aleksander Litau, retirado dos pais, que moravam em Alnova, na península da Crimeia. Havia fortes indícios de que Folker poderia ter sido essa criança; as datas batiam, bem como as casas Lebensborn para onde o menino fora mandado. Será que eu havia tido um destino semelhante?

Folker acabou enfrentando a mesma muralha burocrática que me derrotou: muito provavelmente, os documentos de que precisava para confirmar ou descartar sua teoria estavam nos arquivos do SIB, em Bad Arolsen, mas nem todos os arquivos estavam abertos ao público. Ele nos contou que era muito doloroso estar tão perto e tão distante da verdade.

> *Tudo que quero é encontrar o túmulo de meus pais biológicos. Não quero viver a amargura e a loucura de ficar imaginando o que pode ter acontecido com eles. Só quero saber quem eu era e o que poderia ter sido se as coisas tivessem sido diferentes.*
>
> *Tenho que continuar procurando até encontrar algo que me diga quem eram meus pais biológicos e onde foram enterrados. Assim terei cumprido meu dever como filho. Terei honrado meus verdadeiros pais.*

Decidi que eu também continuaria procurando e que, um dia, chegaria à minha verdadeira família. Encontrar outras crianças do Lebensborn – companheiros que sobreviveram a um experimento tenebroso – renovou minha força para recomeçar minhas investigações. Agora eu sabia como e onde começar: Nuremberg.

Eu precisava ter uma última conversa antes de fazer a longa viagem de volta a Osnabruque. Naquele encontro, havia pouquíssimas pessoas que não haviam feito parte do programa Lebensborn – uma delas era Josef Focks, de quem eu nunca tinha ouvido falar. Aparentemente, ele era muito conhecido por rastrear documentos e informações sobre famílias que se separaram durante a guerra ou depois dela. Por causa de seus esforços, a imprensa o apelidou de "Localizador de Pais".

Conversei com ele rapidamente e expliquei minha situação. Expus minha dificuldade de obter informações nos arquivos oficiais e falei dos documentos que me declaravam como Erika Matko de St. Sauerbrunn e de como isso contradizia o que afirmavam as autoridades da Áustria e o governo da Eslovênia.

Herr Focks me ouviu e fez anotações; quando terminei, ele aceitou me ajudar. Fiquei grata, é claro, mas, para ser totalmente honesta, estava mais preocupada com as investigações que eu mesma faria em Nuremberg do que com o que o Localizador de Pais poderia encontrar. Eu não fazia ideia do quanto ele seria importante nos anos seguintes.

NUREMBERG

O Lebensborn foi responsável, entre outras coisas, pelo rapto de crianças estrangeiras para fins de germanização. [...] inúmeras crianças tchecas, polonesas, iugoslavas e norueguesas foram retiradas dos pais.

Denúncia dos Tribunais Militares
de Nuremberg, Caso 8

No início de 2003, entrei no carro e dirigi 500 km na direção sul.

Nuremberg era o coração obscuro do nacional-socialismo. Foi ali que Hitler, entre 1927 e 1938, proferiu discursos espetaculares à luz de tochas – dezenas de milhares de apoiadores, em filas cerradas, gritavam *Sieg Heil* ("Salve a vitória") sob um mar de bandeiras de suástica, todos capturados pelos melodramáticos filmes de propaganda. Foi ali também que, em 1935, promulgaram-se as leis raciais responsáveis pelo começo do Holocausto.

Para os cérebros políticos do Partido Nazista, a posição da cidade no centro do país simbolizava, em muitos aspectos, a conexão entre o Terceiro Reich e os supostos super-homens arianos da imaginação de Himmler. Ela também tinha uma fortaleza considerável – motivo de ter sido uma das últimas cidades a sucumbir às forças aliadas nas últimas semanas da guerra. Apesar dos bombardeios sistemáticos que destruíram 90% do centro medieval, a cidade só foi capturada depois de quatro dias de um violento combate casa a casa.

As principais potências aliadas planejaram durante muito tempo o julgamento dos líderes nazistas. Em 1º de novembro de 1943, União Soviética, Reino Unido e Estados Unidos publicaram conjuntamente uma "Declaração das Atrocidades Alemãs na Europa Ocupada", o "alerta máximo" de que, quando os nazistas fossem derrotados, os Aliados poderiam *"persegui-los até o canto mais remoto da terra [...] para que a justiça seja feita"*.

Durante os 18 meses seguintes, enquanto exércitos avançavam devagar rumo à vitória, advogados e políticos dos três países criavam uma série de princípios jurídicos inovadores por meio dos quais Hitler e seus capangas pudessem ser processados por crimes de guerra e contra a humanidade. Quando a guerra acabou, a única pergunta que restava era esta: onde realizar os julgamentos?

Leipzig e Luxemburgo foram consideradas e descartadas rapidamente. A União Soviética preferia Berlim – "capital dos conspiradores fascistas" – como local apropriadamente simbólico, mas a terrível destruição que a cidade sofrera tornou a ideia impraticável. A decisão de escolher Nuremberg baseou-se em dois fatores fundamentais: seu papel na máquina nazista fazia da cidade o lugar apropriado para exercer a justiça exemplar; mais importante que isso, no entanto, era o Palácio da Justiça ter sobrevivido intacto durante quase toda a guerra – e o prédio continha uma grande instalação prisional.

Os líderes sobreviventes do Terceiro Reich foram levados para as celas embaixo do tribunal em novembro de 1945. Hitler burlou a justiça e cometeu suicídio no seu *bunker* em meio às chamas e ruínas de Berlim. Himmler também escolheu a saída dos covardes e tomou uma pílula de cianeto depois de ser preso. Mas 22 pessoas – incluindo o *Reichsmarschall* (marechal do Reich) Hermann Göring e o delegado do

Führer, Rudolf Hess – enfrentaram o Tribunal Militar Internacional e foram julgados pelos crimes do regime nazista. Onze meses depois, os juízes – um de cada país: Estados Unidos, França, Grã-Bretanha e União Soviética – proferiram as sentenças. Doze acusados foram condenados à morte, sete receberam sentenças variando de prisão por dez anos à perpétua e três foram absolvidos (dois julgamentos não ocorreram – um dos acusados se matou e o outro foi considerado incapaz). Em 16 de outubro de 1946, as execuções foram realizadas em um ginásio anexo ao prédio do tribunal.

Naquela manhã de 2003, eu me dirigia a esse complexo esquecido. O motivo da minha viagem não foi o famoso julgamento, mas um conjunto menos conhecido de processos mantidos no mesmo prédio.

Embora os Aliados inicialmente planejassem realizar em conjunto uma série ampla de julgamentos, a iminente Guerra Fria e o resfriamento das relações entre Ocidente e Oriente impossibilitaram a tarefa. Desse modo, enquanto o julgamento principal ainda acontecia, os Estados Unidos tomaram a decisão unilateral de realizar sozinhos audiências subsequentes para os chamados nazistas de segundo escalão.

O resultado foi uma série de 12 processos separados em que um total de 183 réus foram acusados entre 1946 e 1949. Entre eles estavam os líderes do Lebensborn.

Alguns dias depois do encontro em Hadamar, eu tinha escrito para o departamento que cuidava dos documentos dos Tribunais de Nuremberg. Dada minha experiência anterior com arquivos alemães oficiais, eu não esperava uma pronta resposta; para mim foi uma agradável surpresa receber uma carta dos arquivistas dizendo que havia uma caixa cheia de documentos importantes e perguntando se eu não gostaria de examiná-los.

Os papéis eram do Caso 8 dos processos posteriores. Tinha um título formal, *Estados Unidos da América versus Ulrich Greifelt et al.*, mas todos estavam acostumados a se referir a ele como Julgamento do RuSHA, uma vez que todos os 14 acusados ocupavam posição de destaque no Rasse und Siedlungsauptamt (RuSHA) – o Departamento Central de Reassentamento e Raça, que Himmler havia fundado para salvaguardar a "pureza racial" da SS – e depois passaram a administrar o Lebensborn.

Comecei a examinar a denúncia oficial, protocolada em 10 de março de 1948. Era longa e detalhada – 14 páginas datilografadas, com entrelinhas bem próximas, listando as acusações sob três títulos separados: crimes contra a humanidade, crimes de guerra e participação na SS, declarada como organização criminosa. Começava com uma afirmação triste e contundente:

> *Entre setembro de 1939 e abril de 1945, todos os acusados aqui citados cometeram crimes contra a humanidade [...]. O objetivo desse programa era fortalecer a nação alemã e a dita raça "ariana" [...].*
>
> *O Departamento Central de Reassentamento e Raça da SS (RuSHA) foi responsável, entre outras coisas, por exames raciais. Esses exames eram realizados por líderes do RuSHA [...] ou membros de sua equipe chamados "peritos raciais"* (Eignungsprüfer) *em conexão com [...] o rapto de crianças elegíveis para germanização. [...] o Lebensborn foi responsável, entre outras coisas, pelo rapto de crianças estrangeiras para fins de germanização.*

Foi arrepiante ler essas palavras; ali, na frieza da linguagem jurídica de um julgamento, estava a essência da organização que *cuidou de mim* – se for essa a palavra correta – nos meus primeiros anos de vida. E a denúncia apresentava a motivação do programa e os países onde atuou.

> *Instituiu-se um plano abrangente de rapto de crianças estrangeiras "racialmente valiosas". Esse plano tinha o propósito duplo de enfraquecer as nações inimigas e aumentar a população da Alemanha. Também foi usado como método de retaliação e intimidação nos países ocupados.*
>
> *Durante os anos de guerra, inúmeras crianças tchecas, polonesas, iugoslavas e norueguesas foram retiradas dos pais ou guardiões e classificadas de acordo com seu "valor racial".*

Anotei os países identificados nas acusações; como os documentos que encontrei entre os papéis de Gisela indicavam que eu tinha sido levada para o Reich para germanização, parecia que eu tinha vindo da Tchecoslováquia, Polônia, Iugoslávia ou Noruega, embora eu duvidasse que minhas origens fossem norueguesas. Talvez os papéis na pasta do Caso 8 me oferecessem pistas mais sólidas.

Mas, antes de eu chegar a elas, a lista de acusados chamou minha atenção. Quatro oficiais superiores do Lebensborn – três homens e uma mulher, com seus papéis e postos claramente definidos – estiveram no banco dos réus em Nuremberg.

> MAX SOLLMAN – Standartenführer *(coronel)* da SS; diretor do Lebensborn.
>
> GREGOR EBNER – Oberführer *(general)* da SS. Chefe do Departamento de Saúde do Lebensborn.
>
> INGE VIERMITZ – *Subcomandante do Departamento Central A do Lebensborn.*

Mas foi o quarto nome que me deixou completamente imóvel.

> GÜNTHER TESCH – Sturmbannführer *(major)* da SS. Chefe do Departamento Jurídico Central do Lebensborn.

Os quatro oficiais superiores do Lebensborn, fotografados antes do julgamento em Nuremberg, em 1947.

149

Eu conhecia aquele nome: o *Sturmbannführer* Tesch assinou o documento contratual de quando fui entregue a Hermann e Gisela von Oelhafen. O mesmo homem que tinha providenciado minha acolhida era acusado de envolvimento com um plano criminoso de raptar crianças de países ocupados pelos exércitos de Hitler. Não foi uma revelação agradável.

Olhei de novo para a caixa de papéis na minha frente; sua largura era impressionante. O julgamento durou 57 dias, examinou quase 2 mil documentos e ouviu o depoimento de 116 testemunhas, entre as de defesa e acusação; o registro impresso chegou a 4.780 páginas. Será que os três dias planejados para ficar em Nuremberg seriam suficientes?

O promotor-chefe, um advogado militar americano de nome Telford Taylor, começou expondo o contexto das acusações. Como alguém dissera em Hadamar, o programa Lebensborn, para raptar e germanizar crianças, era parte do "plano nazista para erradicar pessoas consideradas de 'raças inferiores'".

> *Com o início das guerras de agressão pelo Terceiro Reich, tornou-se possível colocar em prática esses princípios criminosos. Em meados de 1940, efetuou-se um plano muito bem definido, o que é mostrado pelo documento ultrassecreto escrito por Himmler "Reflexões sobre o tratamento de pessoas de raças estrangeiras no Leste" [...].*

Eu nunca tinha ouvido falar desse documento – mas, como disse à corte o general de brigada Taylor, não era segredo que Himmler tivesse dado instruções para que o documento não fosse copiado ou mostrado a ninguém, exceto a um pequeno círculo ligado a Hitler e aos líderes superiores do partido. Depois de citar uma parte em que o *Reichsführer* fala de sua esperança de que "*o conceito de judeu seja completamente extinto*", Taylor leu em juízo uma parte do esquema de Himmler para roubar crianças consideradas por seus peritos raciais como arianas puras.

> *Os pais dessas crianças de sangue puro terão a escolha de abrir mão da criança – é provável que assim não tenham mais filhos, de modo que não correremos o risco de esse povo sub-humano do Leste obter*

uma classe de líderes que, por serem iguais a nós, também seriam um perigo para nós [...].

Se reconhecermos tal criança como do nosso sangue, os pais serão avisados de que a criança será enviada para uma escola na Alemanha e que ficará permanentemente no país.

A Polônia foi o primeiro país controlado pelos nazistas, tornando-se campo de testes para o esquema de raptos de Himmler. No tribunal, foi mostrada uma carta, com data de 18 de junho de 1941, em que ele esclarece suas instruções.

Eu considero correto que crianças pequenas de famílias polonesas com características raciais especialmente boas sejam apreendidas e criadas por nós em instituições infantis especiais e lares infantis que não sejam muito grandes.

Depois de seis meses, deve-se providenciar a árvore genealógica e os documentos de linhagem das crianças que se provarem aceitáveis. Depois de um ano, deve-se considerar a entrega dessas crianças a famílias de boa raça que não tenham filhos.

Seis meses depois, Himmler divulgou um novo decreto, detalhando como o rapto deveria funcionar na prática – e como o trigo das crianças possivelmente de "raça pura" seria separado do joio de seus pais, muitos dos quais, reconhecia Himmler, eram oponentes ativos da ocupação nazista.

Pessoas que cometeram pesados crimes políticos não serão incluídas na ação de reassentamento [eufemismo do Reichsführer para tudo que envolvia o roubo de crianças].

O nome dessas pessoas também deve ser indicado pelos líderes superiores da SS e da polícia à sede da polícia estadual competente com o propósito de serem transferidas a um campo de concentração [...]. Nesses casos, as crianças serão separadas dos pais. [...]

Os comandantes superiores da SS e da polícia devem prestar atenção especial para que a germanização das crianças não sofra com a influência prejudicial dos pais.

Caso seja determinada a existência dessa influência prejudicial, e caso seja impossível eliminá-la por medidas coercitivas da polícia estadual,

> *devem-se providenciar acomodações para essas crianças junto a famílias que estejam política e ideologicamente acima de qualquer crítica e dispostas a aceitar essas crianças como tuteladas, sem reservas e por amor ao sangue bom presente nas crianças, e que as tratem como se fossem seus filhos.*

Aí está o esquema do programa Lebensborn. Foi perturbador ler essas ordens perversas e insensíveis; mas o pior ainda estava por vir. Junto da papelada do julgamento havia as diretivas de Himmler sobre o destino de famílias polonesas que não se enquadrassem nos padrões nazistas de "valor racial".

> *Brunhilde Muskynski será levada em prisão preventiva. Seus filhos, de 4 e 7 anos, serão esterilizados e abrigados em algum lugar com pais de criação.*
>
> *Ingeborn von Avenarius também será levada em prisão preventiva. Seus filhos também ficarão alojados em algum lugar com pais de criação, depois da esterilização.*

Também havia a justificativa – assim apresentada – para esse plano horrendo. Foi mostrada no tribunal a transcrição de um discurso feito por Himmler em outubro de 1943.

> *Acredito que, ao lidar com membros de um país estrangeiro, especialmente de nacionalidade eslava, não devemos partir de pontos de vista alemães, tampouco dotar essas pessoas de ideias alemãs e de conclusões lógicas que elas não são capazes de compreender, mas sim extrair delas o que elas podem dar.*
>
> *Obviamente, numa mistura de povos, sempre haverá tipos racialmente bons. Portanto, acredito ser nosso dever levar suas crianças conosco, retirá-las de seu ambiente, se necessário roubando-as.*
>
> *Ou conquistamos as pessoas de sangue bom que podemos usar a nosso favor e damos a elas um lugar no nosso povo ou destruiremos esse sangue.*

E, assim, as crianças da Polônia – as loiras, de olhos azuis, que se encaixavam nas "boas características arianas", segundo a crença nazista – foram arrancadas de suas famílias e transportadas para campos de concentração. Lá, "peritos raciais" treinados montaram salas para medir e examinar milhares de crianças levadas pela SS.

A avaliação deles era final e inquestionável. Uma instrução emitida pelo RuSHA dizia explicitamente:

> A sentença racial dada pelo perito [...] não pode ser alterada pelo oficial. O julgamento do perito é um diagnóstico tão especializado quanto o de um médico.

Os "sortudos" eram levados para o Lebensborn. Na caixa de arquivos havia páginas e páginas datilografadas com o nome de crianças retiradas de suas famílias e despachadas para a rede de casas Lebensborn espalhadas por toda a Alemanha. Fechei os olhos e imaginei a cena: estações de trem abarrotadas de milhares de crianças desacompanhadas, amontoadas como gado dentro dos vagões. Será que choravam? Quem cuidava delas durante a jornada?

E então – estranhamente – o fragmento de uma memória me veio à cabeça, algo de que eu nunca havia me lembrado e, mesmo assim, sabia ser verdade. Eu era bem novinha: estava num trem, sentada no chão junto com outra criança. Nós compartilhávamos um cobertor, mas tentávamos puxá-lo uma da outra. Perdi a luta e, à medida que o trem avançava por túneis escuros e longos, ia sentindo um frio terrível. Quer dizer que eu já estive em um dos transportes da Alemanha vindos do Leste? Será que ler os relatos do que aconteceu na Polônia despertou uma memória adormecida no meu subconsciente por 60 anos? Seria possível?

O fato é que, quanto mais eu lia os arquivos de Nuremberg, mais incomodada e nervosa me sentia. Eu conseguia imaginar o julgamento transcorrendo, com o foco agora mudando da Polônia para um pequeno vilarejo no que, na época, era a Tchecoslováquia.

Marie Doležalová tinha 15 anos quando se sentou no banco das testemunhas e prestou depoimento sobre o que havia lhe acontecido cinco anos antes. Na manhã de 9 de junho de 1942, dez caminhões cheios de soldados da SS e da Gestapo invadiram Lídice, um vilarejo agrícola perto de Praga.

Duas semanas antes, *partisans* tchecos tinham assassinado o ss *Obergruppenführer* (general) Reinhard Heydrich, protegido de Himmler e encarregado de liderar essa parte das terras conquistadas pelo Reich.

Hitler exigiu represálias em massa; a incursão em Lídice ocorreu especificamente porque se suspeitava de que o vilarejo tivesse alguma ligação com o homem que matara Heydrich.

Soldados armados saltaram dos veículos e cercaram a população. Todos os homens adultos – 173, incluindo o pai de Marie – foram enfileirados e executados contra o muro de um celeiro. Seus corpos foram dispostos em 17 fileiras num pomar antes de o vilarejo ser totalmente incendiado.

As mulheres – quase 200, algumas prestes a dar à luz – foram transportadas para o campo de concentração de Ravensbrück. Seus filhos lhes foram roubados. No total, 184 crianças foram empurradas para dentro de ônibus e levadas para uma antiga fábrica de tecidos em Łódź. Por ordem do pessoal de Himmler, elas não receberam comida e foram obrigadas a dormir no chão frio e sujo, sem cobertores.

E, então, chegaram os "peritos raciais" do RuSHA. Cada criança teve suas qualidades arianas avaliadas. Eles "reprovaram" 103 crianças; delas, 74 foram imediatamente entregues à Gestapo, que as levou para o campo de extermínio de Chełmno, a 70 km de distância. Lá elas foram expostas a gases tóxicos até a morte em caminhões adaptados para esse fim.

Apenas sete crianças foram selecionadas como aptas para a germanização. Marie Doležalová era uma delas.

Quando ela chegou ao abrigo infantil, encontrou-se no meio de muitas outras crianças de diferentes países. Foi obrigada a aprender alemão e era punida quando flagrada falando tcheco. O Lebensborn acabou entregando-a a uma família alemã selecionada; e, como seus pais de criação sempre eram gentis e lhe davam dois novos vestidos para comemorar o dia em que chegou à casa deles, pouco a pouco fizeram com que ela se esquecesse de onde tinha vindo.

Depois que a guerra terminou, as poucas mulheres de Lídice que sobreviveram ao massacre e ao campo de concentração começaram a procurar pelos filhos perdidos. Um ano depois – pouco antes de testemunhar em Nuremberg –, Marie reencontrou a mãe, que estava morrendo. Enquanto esteve no leito de morte da mãe, ela percebeu que não se lembrava de nenhuma palavra de sua língua nativa.

Marie Doležalová contou tudo isso aos juízes em Nuremberg. Enquanto lia o testemunho, me coloquei no lugar dela. Será que eu, como ela, tinha vindo de um vilarejo incendiado pelos soldados de Himmler? Será que eu era uma das "sortudas de valor racial", salva dos campos de extermínio por uma mecha de cabelo loiro ou um brilho azulado nos olhos? Se sim, de onde exatamente fui roubada? Será que havia alguma esperança de que, como Marie, eu encontrasse minha verdadeira mãe antes de ela morrer?

E, então, achei as listas.

As folhas de papel almaço cinzentas e desgastadas, organizadas pela equipe do Lebensborn em 1944, estavam muito pouco legíveis, pois quase 60 anos depois a tinta havia se apagado. A primeira era uma lista de nomes em ordem alfabética e, como a coluna ao lado mostrava as datas de nascimento – todas do início da década de 1940 –, era nítido que se tratava de um registro de crianças. O título da terceira coluna era "transferida para", e junto de cada anotação havia uma data. Havia 473 crianças identificadas nesses documentos. No meio de uma das páginas, li o seguinte:

> *Matko, Erika.*
>
> *[Nascida em] 11/11/41.*
>
> *[Transferida para] Oberst (coronel) Hermann von Oelhafen, Munique, Gentzstrasse, 5*
>
> *[em] 3/6/44.*

Eu tinha encontrado meu nome – minha identidade original. Sabia que tinha de ser verdadeira; além de serem registros oficiais do tribunal, tanto o endereço de Hermann quanto a data em que fui entregue à família estavam corretos. Reclinei-me para trás, segurando o documento diante de mim. Surpreendi-me por não ter me emocionado; desde que recebi a carta do governo esloveno me dizendo que eu não podia ser Erika Matko, porque essa pessoa ainda vivia na área de Rogaška Slatina, eu estava perdida, sem saber quem realmente era. Então, enquanto observava aquela lista desbotada, senti minha identidade voltando para mim. Senti mais uma vez que eu era – ou tinha sido um dia – Erika Matko.

Mas de onde ela – ou, melhor, eu – viera? Encontrei junto com as listas duas declarações juramentadas de antigas funcionárias do Lebensborn interrogadas por investigadores para os promotores de Nuremberg. A primeira era de uma mulher chamada Maria-Martha Heinze-Wissede, que trabalhara na direção do Lebensborn. Em 9 de agosto de 1948, ela viu os documentos e identificou a origem de algumas das crianças. Erika Matko era uma delas.

> *Das listas que estão aqui, reconheço os seguintes nomes de crianças iugoslavas [...].*
>
> Erika MATKO
>
> *Conheço muito pouco do registro dessas crianças, pois elas já tinham sido transferidas pelo Lebensborn [...] para famílias alemãs. Como ficou claro pelos documentos, elas eram chamadas de "crianças bandidas", e o Lebensborn as pegou da Volksdeutsche Mittelstelle (VoMi) [...]. Pelo que me lembro, o Lebensborn as pegou de um campo da Volksdeutsche Mittelstelle no distrito de Bayreuth.*

Nesse instante, meu coração acelerou. Ali estava, tinta preta em papel branco: definitivamente, eu tinha sido trazida da Iugoslávia e entregue ao Lebensborn por essa organização VoMi.

Uma rápida pesquisa mostrou se tratar de mais um dos órgãos confusos e sobrepostos de Himmler, fundado antes da guerra com o propósito nítido de cuidar dos interesses dos *Volksdeutsche* – alemães étnicos que viviam além das fronteiras da Alemanha nazista. Mas, quando os exércitos de Hitler conquistaram a Polônia, a Tchecoslováquia e a Iugoslávia, a VoMi assentou meio milhão de voluntários alemães nos territórios conquistados, despachando ou prendendo os ocupantes legítimos. A ação foi basicamente precursora do que hoje chamamos de limpeza étnica, e o envolvimento da organização nas minhas origens não era um bom presságio para o destino da minha família biológica.

Quem eram? Havia uma pista – um palpite emocionante – na afirmação de Maria-Martha Heinze-Wissede: eu e as outras crianças iugoslavas estávamos listadas como "bandidas". Na terminologia nazista, isso significava "combatentes *partisans*". Fui tomada por uma onda de orgulho: nossos pais eram rebeldes, se opuseram aos ocupantes nazistas. Como devem ter sido corajosos! Honestamente, eu duvidava de que, na posição deles, eu tivesse coragem para lutar contra os exércitos de Hitler.

A segunda declaração era de uma ex-secretária do Lebensborn chamada Emilie Edelmann. Ela entrou para a organização em 1939 e lá trabalhou até o fim, sendo promovida a uma posição cuja responsabilidade era cuidar das crianças que estavam sendo preparadas para ser entregues às famílias de criação. Em 3 de abril de 1948, ela também falou para os interrogadores americanos sobre crianças capturadas na Iugoslávia e forneceu alguns dos detalhes até então ausentes sobre minha jornada até uma casa Lebensborn. Ela definiu essas crianças raptadas como *Südost-kinder* – como a VoMi chamava as crianças tiradas dos territórios ao sul conquistados pela Alemanha.

Reli os documentos para ter certeza, mas era inequívoco: as informações nos arquivos de Nuremberg eram a prova definitiva de que eu tinha sido uma de pelo menos 25 bebês – filhos de corajosos combatentes da resistência – que, em 1942 e 1943, foram raptados e levados da Iugoslávia para ser germanizados na Pátria.

Eu fui levada para um campo de detenção da VoMi em Werdenfels, no sul da Alemanha, antes de ser transportada para a casa Sonnenwiese, em Kohren-Sahlis, e, de lá, ser entregue à "família Von Oelhafen, Munique".

Acho que fiquei um pouco atordoada. Eu tinha sido transportada de um lugar para outro, como se fosse um pacote humano, para ser entregue a uma organização disfarçada de humanitária ligada a casas de maternidade, mas que, na verdade, negociava cinicamente bebês roubados.

Eu só precisava entender mais uma coisa antes de deixar Nuremberg: como terminou o julgamento e quais punições foram dadas aos oficiais superiores do Lebensborn no banco dos réus.

Fiquei perplexa ao descobrir que, embora a maioria dos oficiais de alto escalão do RuSHA tenha sido considerada culpada e sentenciada a muitos anos de prisão, os quatro réus do Lebensborn foram absolvidos de crimes contra a humanidade e de guerra. Os três homens foram considerados culpados de pertencer à ss – como mulher, Inge Viermitz foi excluída dessa classificação –, mas não passaram um dia sequer presos. Depois de todas as provas que lhes foram apresentadas, os juízes chegaram à conclusão de que o Lebensborn de fato não passava de uma "organização em prol do bem-estar".

Fiquei furiosa; eu tinha lido as mesmas provas, mas também ouvi, no encontro em Hadamar, relatos angustiantes de companheiros sobreviventes. Agora, sim, eu sabia a verdade, o que me deixava ainda mais determinada que nunca a descobrir como caí nas garras do Lebensborn.

Apesar do que me dissera o governo da Eslovênia, agora eu tinha certeza de que nascera lá. Restava-me saber como provar e o que eu encontraria se o fizesse.

ROGAŠKA SLATINA

Eu ficaria extremamente agradecida se você me respondesse algumas perguntas sobre sua infância [...]. Não estou perguntando por mera curiosidade [...].

Carta a Erika Matko, fevereiro de 2003

Encontrei muitas pessoas de sobrenome "Matko" por toda a Alemanha. Escrevi para cada uma delas, perguntando se sabiam alguma coisa sobre minha história ou se conheciam Hermann e Gisela von Oelhafen. Nada mais que uma rajada de tiros no escuro, e eu não tinha muitas esperanças de receber alguma resposta. Para minha surpresa, cartas começaram a chegar pouco a pouco; todas me agradeciam pelo contato, desejavam-me felicidades, mas ninguém poderia me ajudar na minha investigação.

Enquanto isso, o Localizador de Pais estava ocupado. As respostas que recebi dos alemães de sobrenome Matko não o desencorajaram: por bondade e generosidade, ele ampliou sua busca geográfica.

Josef Focks é uma das pessoas sem a qual eu nunca teria descoberto a verdade sobre meu passado. Ele era ex-oficial do Exército e tinha sido transferido para a Otan na década de 1980.

Enquanto esteve baseado na Noruega, Josef conheceu a história de crianças adotadas por soldados alemães e o drama das que tinham nascido no programa Lebensborn. Comovido pela dor dessas pessoas e pela vergonha que arruinara suas vidas, ele concordou em ajudá-las a encontrar suas famílias.

Desde o princípio, ele se deparou com o problema causado pela omissão proposital do nome de muitos pais nos registros do Lebensborn. Ironicamente, as dificuldades logísticas que afetavam a pesquisa genealógica antes do advento da internet e das bases de dados on-line o levaram a encontrar modos alternativos de contornar o impasse. Josef estabeleceu contatos e fez uso deles (descobriu que taxistas são ótimas fontes de informação), vasculhou arquivos obscuros e bibliotecas de antigos jornais e chegou a visitar cemitérios para verificar os nomes gravados nas lápides. Pouco a pouco, desenvolveu uma maneira de resolver o enigma.

Quando nos conhecemos, ele já tinha trabalhado em mais de mil casos – nem todos de crianças do Lebensborn – e, na maioria deles, conseguiu encontrar os familiares. Suas investigações o levaram por toda a Alemanha, chegando a viajar para a Austrália e os Estados Unidos, e seu escritório em Bonn era repleto de inúmeras pastas, todas estufadas de tantos papéis. Todo seu trabalho era voluntário, e ele não cobrava absolutamente nada pelos honorários: já fazia muitos anos que tinha se reformado como militar e vivia da própria pensão, ajudando pessoas como eu em troca da recompensa de aliviar nossa dor. Nunca é demais agradecer a ele pelo que fez.

Foi Josef quem encontrou a família Matko mais promissora. Ele procurou um de seus contatos, uma mulher cuja mãe havia sido capturada na Iugoslávia pelos nazistas e levada para o trabalho escravo; com a ajuda dessa mulher, ele encontrou diversas pessoas de sobrenome Matko que ainda viviam em Rogaška Slatina e região.

Elas pareciam formar uma família estendida: algumas tinham a minha idade ou eram um pouco mais velhas do que eu; outras eram de uma geração mais jovem. Uma delas era nossa maior esperança, pois se chamava Erika.

Josef descobriu o endereço de Erika e o telefone de uma mulher chamada Maria Matko – para ele, as duas deviam ser parentes. Combinamos que ele telefonaria para Maria e eu escreveria para Erika.

Sentei-me diante do computador e pensei no que dizer. Não era uma carta fácil de escrever. Eu não sabia nada sobre essa mulher nem sobre o país em que vivia. Por fim, resolvi falar com o coração e ser franca a respeito da minha necessidade de descobrir a verdade acerca do meu passado – tive esperança de que minhas palavras a comovessem o suficiente para me responder. Me convenci de que, se a maioria dos Matko para quem escrevi na Alemanha e que não tinham nenhuma relação com o caso se deram ao trabalho de me responder mesmo sem poder me ajudar, talvez essa pessoa, que tinha o mesmo nome que eu e morava no mesmo lugar de onde eu vinha, pudesse se comover com meu pedido de ajuda.

Osnabruque, Alemanha
16 de fevereiro de 2003

Prezada senhora Matko,

Escrevo por uma questão bastante pessoal e espero que você possa me ajudar. O problema, é claro, é que eu não falo esloveno, e não sei se você fala alemão. Espero que alguém possa lhe ajudar traduzindo minha carta.

Estou procurando meus pais biológicos há alguns anos e, enquanto pesquisava, descobri algumas coisas estranhas, que me deixaram muito angustiada e incomodada, mas sei que preciso continuar minha busca.

Meus pais de criação me retiraram de uma casa Lebensborn chamada "Sonnenwiese". Lá eu recebi dois certificados de vacinação dizendo que meu nome é Erika Matko, nascida em St. Sauerbrunn. Esses são

> os únicos documentos que tenho dos meus primeiros anos de vida. Não sei das circunstâncias que me levaram a essa casa. Meus pais de criação nunca me falaram nada.
>
> Há dez anos eu nem sabia que tinha sido uma criança do Lebensborn. A Cruz Vermelha não conseguiu encontrar nenhuma informação sobre minha identidade. Então pedi ajuda ao dr. Georg Lilienthal, que pesquisa o Lebensborn e publicou um livro sobre o assunto.
>
> Ele me sugeriu que talvez eu tenha feito parte de um grupo de crianças raptadas e que minha origem deve ser iugoslava.
>
> Agora, no decorrer da minha pesquisa, encontrei você. Não pergunto por mera curiosidade – eu só gostaria de saber como aconteceu essa dupla identidade. Você já viveu em uma casa Lebensborn ou teve a sorte de passar a vida toda em Rogaška Slatina?
>
> Eu ficaria extremamente agradecida se você me respondesse algumas perguntas sobre sua infância.
>
> Cordialmente,
> Ingrid von Oelhafen

Não havia mais nada que eu pudesse dizer ou fazer. Enviei a carta e esperei que, de algum modo, minhas palavras pudessem sensibilizar essa outra Erika Matko.

Nesse intervalo, Josef Focks conseguiu novas informações. Ele telefonou para Maria Matko e os dois tiveram uma boa conversa com a ajuda de um tradutor, pois ele não falava esloveno e Maria não entendia alemão. Aparentemente, ela tinha a minha idade e passara a vida toda em Rogaška Slatina.

Pelo que Maria contou a Josef, ela era a matriarca da família Matko estendida, que no passado tinha se envolvido com o movimento de resistência *partisan* contra os nazistas. Ela não entrou muito em detalhes, lembrando-se apenas de que os nazistas executaram um membro da família e que ela ouvira uma história, muito tempo atrás, de que talvez três crianças tenham sido raptadas no início dos anos 1940.

Uma história muito parecida com o que deveria ser o passado da família Matko que eu procurava, mas o mais promissor foi a notícia de que ela conhecia muito bem a misteriosa Erika.

Mas a última informação me confundiu. *Herr* Focks convenceu Maria a me encontrar e levar Erika consigo. Fui imediatamente invadida pelo nervosismo; eu queria desesperadamente ir, mas sentia pavor só de pensar nisso. E se elas fossem os Matko "errados" e minha busca não desse em nada? Eu ficaria arrasada. Ou, pior, mesmo se Maria e Erika fossem minhas parentes, nada as impedia de não gostar de mim e me tratar mal.

Mas o Localizador de Pais não se importou com nada disso: insistiu e insistiu até eu concordar com o plano. Primeiro eu pegaria um avião até Munique, depois outro até Liubliana, capital da Eslovênia. De lá eu tomaria um táxi até a principal cidade da região, Celje, a 80 km de distância.

Havia outro motivo para ir ao país. No final do ano, sempre havia um encontro em Celje de pessoas que haviam sobrevivido ao programa de captura e deportação dos nazistas. Josef confirmou que eu estaria presente no evento, que aconteceria um dia antes de minha viagem para Rogaška Slatina, onde me encontraria com Maria em um café. Eu também não iria sozinha; Josef pediu para um amigo que falava esloveno me acompanhar na viagem e ser meu tradutor.

Quando foi chegando o dia da viagem, percebi que não sabia quase nada da Eslovênia e de sua história. Eu nem sabia como o país tinha se formado depois da desintegração da Iugoslávia. O que descobri começou a me fazer entender que tipo de vida estaria reservada para mim se eu não tivesse sido roubada e levada para o programa Lebensborn.

A Iugoslávia foi um dos primeiros países a derrotar seus conquistadores alemães. Sob a liderança de Josip Tito, os *partisans* foram a força de resistência antinazista mais eficaz da Europa ocupada; em meados de 1943, suas atividades já tinham evoluído de incursões esporádicas de guerrilheiros para grandes vitórias militares, provocando baixas pesadas no Exército de Hitler. No início de 1944, eles conseguiram expulsar a Wehrmacht das regiões sérvias. Um ano depois, as tropas alemãs foram rechaçadas.

Essas conquistas se deram com o apoio bastante limitado da União Soviética. Embora o regime pós-guerra de Tito fosse expli-

163

citamente comunista – um Estado unipartidário sem muita tolerância para com divergências ou democracia –, durante os 25 anos que se seguiram a Iugoslávia foi o mais independente de todos os países-satélite da União Soviética por trás da Cortina de Ferro. Ela começou a se afastar de Moscou em 1948, determinado a construir seu próprio socialismo.

O país criticava abertamente o Kremlin e o Ocidente em igual medida, e foi um dos fundadores do Movimento dos Países Não Alinhados – grupo de Estados que se recusavam terminantemente a se aliar a um ou outro lado da Guerra Fria.

Sob a superfície, no entanto, sempre existiram tensões. A nova nação se consolidou a partir de seis repúblicas separadas e muitas vezes hostis: Sérvia, Croácia, Bósnia-Herzegovina, Macedônia, Montenegro e Eslovênia. Cada uma tinha história étnica, religiosa e política bem diferente. O que as uniu foi a figura inspiradora de Josip Tito. Sua morte, em 1980, desencadeou a dissolução de todo o país.

Os sérvios sempre foram o maior grupo étnico da Iugoslávia e, antes da Segunda Guerra Mundial, eram a força dominante no Reino da Iugoslávia. Sem Tito, o líder comunista sérvio Slobodan Milošević procurou reestruturar essa supremacia histórica; as outras repúblicas, especialmente Eslovênia e Croácia, criticaram a tomada de poder, mas não conseguiram impedi-la.

As greves de mineiros albaneses no Kosovo em 1989 foram a faísca que incendiou a tensão latente. A Eslovênia e a Croácia apoiaram os mineiros albaneses, e as greves se tornaram manifestações generalizadas por uma república kosovar. Isso deixou furiosa a liderança sérvia, que começou a usar a força policial e colocou o Exército federal nas ruas para restabelecer a ordem.

Em janeiro de 1990, foi convocado um congresso extraordinário da Liga dos Comunistas da Iugoslávia. Como o país era unipartidário, a Liga, na verdade, era o corpo dirigente de toda a república federal. O encontro suscitou uma disputa entre Eslovênia e Sérvia sobre o futuro da nação; por fim, a Liga se dissolveu, prenunciando o futuro inevitável da Iugoslávia.

O resultado imediato foi uma crise constitucional; incitadas pelo advento tóxico do nacionalismo de base étnica e inspiradas pela queda do comunismo no restante do Leste Europeu, cinco repúblicas exigiram a independência e o fim do domínio sérvio. O terreno estava pronto para a guerra.

O que se seguiu foi o pior conflito da Europa depois da Segunda Guerra Mundial – um conflito que, mais uma vez, despertou o fantasma dos crimes contra a humanidade. Durante a década seguinte, pelo menos 140 mil pessoas morreram em combate, mas centenas de milhares – provavelmente milhões – foram submetidas a limpeza étnica, estupro como arma de guerra, campos de concentração e bombardeios em massa.

A primeira dessas guerras sórdidas irrompeu na Eslovênia. Em dezembro de 1990, 88% da população votou pela plena independência da república federal que se desintegrava, sabendo que fazer isso levaria inevitavelmente a uma tentativa de invasão por parte do Exército Popular Iugoslavo (EPI), dominado pelos sérvios.

O governo local reorganizou em segredo sua obsoleta força de defesa territorial, transformando-a num exército bem treinado e bem armado. A resistência *partisan*, que uma vez havia expulsado as tropas de Hitler do país, havia efetivamente renascido.

Os eslovenos sabiam que não tinham chance numa batalha convencional, o EPI era simplesmente grande demais e poderoso demais. Desse modo, o governo se preparou para uma campanha de combates assimétricos – um retorno às táticas de resistência de explodir pontes e realizar ataques pequenos e regionais nas cidades e nos vilarejos de seu território nacional original.

Ao mesmo tempo, o governo local buscou ajuda da Comunidade Europeia e dos Estados Unidos. Ninguém estava preparado para reconhecer a independência da Eslovênia, pois para eles era mais conveniente tratar com uma única federação do que com uma série de pequenos Estados. Essa rejeição encorajou os sérvios e tornou inevitável a eclosão de uma guerra civil completa.

O primeiro tiro foi dado pelo EPI em 27 de junho de 1990, no pequeno vilarejo de Divača, a 75 km de Liubliana. Na mesma tarde, os soldados eslovenos derrubaram dois helicópteros do Exército da Iugoslávia. Nos dez dias seguintes, a luta avançou a leste; primeiro em direção a Liubliana e, depois de passar pela capital, seguiu até chegar ao centro dessa região, nos arredores de Celje e Rogaška Slatina. Em 6 de julho, anunciou-se o cessar-fogo: a Eslovênia ganhou sua independência, embora às custas de pelo menos 62 mortos e aproximadamente 330 feridos.

Comparada aos conflitos que se deram na Croácia, na Bósnia e no Kosovo, tratou-se de uma guerra pequena; mas era a primeira vez, desde que os nazistas tinham sido expulsos, que os eslovenos desfrutavam da própria liberdade. De uma maneira quase inexplicável, fiquei orgulhosa.

No final de setembro de 2003, tomei um avião até Munique. Josef Focks havia combinado que eu me encontraria com seu tradutor no aeroporto para viajarmos juntos até Liubliana. Mas, quando nosso voo foi chamado, ele ainda não tinha chegado. Não tive escolha, exceto embarcar sozinha. Eu estava nervosa, sem saber quem ou o que encontraria na Eslovênia e, como só falava alemão, me senti vulnerável e exposta. Felizmente, o tradutor conseguiu entrar em contato com o avião e pediu para a comissária me avisar que ele havia ficado preso no trânsito e que pegaria o próximo voo, encontrando-me em Liubliana.

Esperei o dia todo no aeroporto e não tive notícias do tradutor. Meu celular não tinha sinal, ninguém parecia falar alemão e eu não conseguia descobrir como usar os telefones públicos. Tudo que poderia fazer era sentar e esperar que meu contato aparecesse.

Ele finalmente chegou à noite, e eu estava uma pilha de nervos. Mas não perdi tempo com minhas emoções – dali a pouco, na escola primária em Celje, aconteceria o encontro das pessoas que haviam sido roubadas na Eslovênia quando criança. Celje, descobri, se chamava Cilli durante a ocupação alemã e tinha sido tanto o centro da resistência *partisan* quanto o local das represálias alemãs.

Enquanto atravessávamos a região rural, fiquei olhando para fora da janela do carro, tentando absorver a paisagem do que eu sabia ter sido minha terra natal. Eu ficara imaginando: será que, quando eu visse aquele lugar pela primeira vez, depois de quase 70 anos, eu me recordaria de alguma coisa? Para minha decepção, não tive nenhuma lembrança.

Eu não sabia nada a respeito das pessoas que estariam no encontro nem se alguém me ajudaria a desvelar a verdade sobre meu passado. Desse modo, foi uma surpresa descobrir que o evento em Celje naquela noite acontecia muitos e muitos anos depois do primeiro encontro. Eles começaram a procurar uns pelos outros em 1962, decididos a contar suas histórias para o povo iugoslavo (na época).

Os homens e as mulheres que conheci naquela noite estavam na casa dos 80 anos de idade – entre 10 e 15 a mais que eu. Eram líderes do que se tornou um grupo de sobreviventes, beneficiado com apoio oficial, e seus relatos preencheram algumas lacunas do que eu sabia.

Em 1942, um total de 654 crianças, de bebês a adolescentes de 18 anos, foram retiradas de suas famílias pelos nazistas e despachadas para uma série de campos em todo o Reich. A maioria dos mais velhos – pelo menos dos que sobreviveram aos rigores do trabalho escravo ou da tentativa de germanização – foi levada de volta para casa no final da guerra. Quando cheguei a Celje, somente umas 200 pessoas ainda estavam vivas.

Apesar da idade, elas tinham uma memória forte e estavam decididas a fazer com que o mundo não se esquecesse do que lhes aconteceu. Duas pessoas se levantaram para dar seus testemunhos na escola primária. Eu me sentei em silêncio; mesmo que confiasse ao tradutor a tarefa de falar por mim, sabia muito pouco para contribuir com algo que valesse a pena.

Mas minha presença se fez notar. No final do encontro, três pessoas vieram falar comigo: todas tinham sido raptadas de Celje em agosto de 1942, e, para minha grande surpresa, as três disseram que haviam me reconhecido.

A primeira era uma mulher, raptada numa investida aos 17 anos junto com outras crianças da região e mantida por dois dias na escola primária pelas tropas da ss. Havia crianças de todas as idades, e as mais velhas precisaram cuidar dos bebês. Essa senhora, simpática e emotiva, me disse que os bebês não paravam de chorar, que sua tarefa era dar banho nos menores e que ela se lembrava especificamente de mim.

Não consegui acreditar. Eu tinha menos de um ano quando a investida aconteceu; como seria possível alguém me reconhecer mais de 60 anos depois? De algum modo, no entanto, essa mulher tinha certeza de que era eu. Era impressionante.

Eu tinha ido para a Eslovênia sem saber ao certo quem eu era e esperando apenas encontrar alguma pista que me ligasse ao país. Em vez disso, fiquei cara a cara com alguém que confirmava minha presença em Celje no dia em que fui raptada e que ainda havia me pegado no colo e cuidado de mim quando eu era bebê. Pensando nisso agora, parece mais provável que aquela senhora tenha ouvido dizer que eu estaria no encontro, o que teria desencadeado uma lembrança. De todo modo, era uma conexão.

Outra pessoa com quem falei foi um homem mais ou menos da mesma idade. Ele tinha 14 anos quando foi raptado e conseguiu me contar um pouco mais do que aconteceu às crianças roubadas no dia seguinte à investida. Disse-me que fomos transportados 150 km ao norte até o campo de detenção em Frohnleiten, na Áustria. Além disso, ele foi irredutível na certeza de que tinha me visto lá e que havia me conhecido com o nome de Erika Matko.

Uma terceira pessoa se aproximou, outra senhora mais velha querendo confirmar o que o homem havia dito. Ela também tinha sido raptada de Celje e enviada para Frohnleiten e, assim como ele, lembrava-se de mim e disse que meu nome era Erika Matko.

De repente, senti uma felicidade intensa. Depois de tanto tempo, de tantas decepções, eu tinha indícios em primeira mão sobre quem eu era e de onde tinha vindo. Era uma sensação extraordinária.

Não tive tempo de pedir a meus novos contatos mais detalhes dos raptos. Mas não restava dúvida do que me disseram antes de eu ir embora: que os três tinham me conhecido e que eu era uma das crianças capturadas. Para descobrir outras informações sobre meu envolvimento nos eventos de agosto de 1942, eu teria de esperar mais um pouco.

De Celje, seguimos para a região de Maribor. Josef Focks havia marcado de eu me encontrar com duas pessoas de sobrenome Matko antes falar com Maria. Ele também me entregou tubos esterilizados e cotonetes no caso de alguém concordar em me ceder amostras de saliva para analisarmos posteriormente em busca de semelhanças genéticas. Desse modo, eu descobriria se éramos parentes.

Nossa primeira parada foi em um vilarejo perto de Rogaška Slatina. Enquanto passávamos de carro, olhei em volta na esperança de que a paisagem me suscitasse alguma lembrança: nada. O vilarejo era nitidamente pobre; a mulher com quem eu me encontraria tinha 80 anos e morava com o filho de 40. Os dois pareceram confusos com minha visita, mas a senhora concordou em me dar uma amostra de saliva. O filho foi um pouco mais hostil e se recusou. Nenhum dos dois conseguiu me dizer muita coisa sobre sua história familiar, e concluí que nosso parentesco, se existisse, deveria ser distante.

A próxima Matko era uma cabeleireira de 30 anos. Ela também me forneceu uma amostra para o teste de DNA, mas também não pôde me ajudar com muitas informações.

Por fim, era hora de me encontrar com Maria Matko. *Herr* Focks marcara nosso encontro em uma pequena cafeteria em Rogaška Slatina, e ela tinha prometido que levaria consigo a misteriosa Erika Matko. Mas, no momento em que entramos, notei que ela estava só. Fiquei decepcionada, senti a dor de uma apunhalada no peito.

Mas Maria se revelou amigável e prestativa, além de um elo fundamental para soltar as correntes do meu passado. Ela tinha 73 anos – não era Matko de nascimento, mas se casou com um Matko e adotou o sobrenome. Seu marido se chamava Ludvig e ele tinha duas irmãs: Tanja, mais velha que ele, e Erika, mais nova. Tanto Ludvig quanto Tanja tinham morrido, mas Erika estava viva, embora bastante doente; era para ela que eu havia escrito e a quem esperávamos no café. Mas Maria disse que ela não queria me encontrar.

Ficou claro pela conversa que ninguém da família Matko achava que tivéssemos algum parentesco. Maria era a mais aberta, mas não deixava de ser cética. E, naquele momento, comecei a ter as mesmas dúvidas.

Até que Maria me deu alguns detalhes que, outra vez, suscitaram minhas esperanças. Os pais de Ludvig, Tanja e Erika se chamavam Johann e Helena – os mesmos nomes que me foram dados três anos antes pelo arquivista em Maribor. Além disso, Johann tinha sido preso pelos nazistas por participar da resistência, o que parecia se encaixar com o que Georg Lilienthal me dissera sobre minha história.

Nos anos anteriores, havia um padrão que acompanhava todas as minhas tentativas de descobrir a verdade. Uma informação qualquer aparecia para me dar ânimo e me fazer acreditar que eu descobriria a verdade sobre minhas origens. Em seguida, havia sempre uma carta ou uma conversa que me arruinava as esperanças e me desanimava. A mesma coisa se repetiu naquele dia em Rogaška Slatina; minha esperança foi do céu ao inferno numa questão de segundos. Maria nos mostrou duas fotografias. A primeira de Helena, tirada em 1964. Ela olhava direto para a câmera – uma mulher de aparência forte, cabelos escuros e expressão séria, mas gentil ao mesmo tempo. A segunda foto era de Erika; minha reação imediata foi achá-la parecidíssima com Helena, sinal de que se tratava de mãe e filha – o que, se fosse verdade, significava que eu não era da família.

Me senti um pouco deprimida quando nos despedimos. A única coisa que manteve meu humor foi o fato de Maria concordar em me ver mais uma vez – e disse que conversaria com outros membros da família Matko para ver se alguém poderia colaborar comigo.

No dia seguinte, fui ao apartamento dela. Maria estava cuidando da neta, mas falou abertamente da história da família. Disse-me que Ludvig, Tanja e Erika moraram com os pais até que Johann foi preso pelos nazistas e levado para um campo de concentração. Acabou sendo libertado e voltou para a família em meados de 1942 – a partir desse fato, ela não sabia de mais nada.

Ignaz, irmão de Johann, não teve tanta sorte; ele também era *partisan* e foi preso pelos alemães, mas acabou morto por um pelotão de fuzilamento.

Durante nossa conversa, Rafael, filho de Maria, se juntou a nós. Ele tinha pouco mais de 40 anos, era corpulento e um pouco calvo. Embora fosse educado, estava claro que não acreditava no que eu dizia. Era óbvio que a família era muito unida e autoprotetora.

A exceção, aparentemente, era Erika. Maria me disse que sua cunhada nunca se casou (embora tivesse um filho) e esteve tão doente a vida toda que nunca trabalhou. Estava claro que, apesar de todos os elos familiares – Erika costumava ser convidada para os almoços de domingo –, as duas mulheres não eram muito próximas.

Acho que saí de lá convencida de que, embora a família parecesse ter semelhanças notáveis com os Matko que eu procurava, provavelmente eles não eram meus parentes de sangue. No entanto, antes de partir, expliquei meus planos de fazer um teste de DNA. Rafael concordou gentilmente em me dar uma amostra de saliva, e, depois de hesitar um pouco, seu primo Marko também aceitou.

Meu último compromisso era em Maribor. Visitei um museu que mantinha uma seção dedicada especialmente à memória do que os nazistas fizeram na Eslovênia.

Além de raptar crianças e executar "bandidos" – combatentes *partisans* como Ignaz Matko –, os nazistas queimaram todos os livros eslovenos, proibiram a língua e puniam quem fosse flagrado falando esloveno. O plano de Himmler para subjugar a população local e tratá-la pior do que gado foi posto em ação de forma brutal e eficaz.

Com toda honestidade, não posso dizer que me choquei com o que vi e ouvi no museu. Fosse antes, talvez eu me impressionasse; mas tudo que eu tinha aprendido nos três anos anteriores sobre Lebensborn e suas operações ofuscou a crueldade rotineira da ocupação nazista. Eu também estava preocupada com o que tinha descoberto sobre meu passado durante os quatro dias que passei na Eslovênia. Cheguei ao país sem nenhuma certeza sobre como eu me encaixava em sua história geral e, mais especificamente, na história da família Matko. Cada informação nova que eu descobria ora me deixava convencida de que eu tinha sido Erika Matko de Rogaška Slatina, ora transformava meu convencimento na certeza absoluta de que não, eu não era ela. Eu estava muito confusa quando entrei no avião em Liubliana.

No final, concluí que já estava afastada havia muito tempo da minha vida e da minha prática profissional. Meus pacientes precisavam de mim, e eu deles. Estava na hora de retornar para casa e de voltar a ser Ingrid von Oelhafen.

SANGUE

*A análise científica mostra que [...] há
93,3% de certeza [...].*
Resultado de teste de DNA, outubro de 2003

Como montar o quebra-cabeça da nossa vida? Como encontrar as peças certas e encaixá-las até formar uma imagem que a gente reconheça? Mesmo com todas as peças na nossa frente e o modelo impresso na tampa da caixa, não é nada fácil. Pior ainda quando perdemos as peças dos cantos, que sempre servem de excelente ponto de partida.

Quando voltei da Eslovênia, a história do meu nascimento e da minha infância parecia isso, um quebra-cabeça sem os cantos. Eu tinha dezenas de peças soltas, de formatos estranhos, que às vezes se sobrepunham ou se contradiziam. Parecia impossível encaixá-las de modo a revelar a verdadeira imagem.

Será que os sobreviventes dos raptos de Celje tinham certeza de que eu era a Erika Matko de que se lembravam? Será possível mesmo reconhecer no rosto de uma mulher de 62 anos os traços de um bebê de 9 meses que eles só viram em circunstâncias traumáticas? Eles pareciam seguros de si, mas seus relatos não batiam com a reação de Maria Matko e de seu filho – nenhum dos dois acreditou que eu fizesse parte da família.

Além disso, havia um pano de fundo marcado pela figura misteriosa da outra Erika; ela ainda não tinha respondido à minha carta e propositalmente evitou me encontrar em Rogaška Slatina. Como eu usaria essas peças discrepantes para montar um quebra-cabeça completo e convincente?

Eu esperava que a resposta estivesse nos cotonetes e tubos que havia levado comigo. A análise da saliva revelaria impressões genéticas tão confiáveis quanto os resultados de exames de sangue para determinar relações familiares. A ironia da situação continuava presente em mim. O experimento do Lebensborn tinha se baseado na crença nazista do sangue como fator determinante do valor humano. A obsessão de Himmler por sangue e consanguinidade foi responsável por eu ter sido roubada da minha família – qualquer que fosse – na Iugoslávia e depois renascido como uma criança alemã. Essa mesma obsessão determinou qual seria meu curso de vida a partir daquele dia. Agora eu tentava usar o mesmo princípio para desemaranhar a teia caótica que o Lebensborn havia tecido.

As amostras de saliva não me foram entregues sem apreensão. A família Matko discutiu e questionou se deviam ou não as fornecer; alguns dos mais jovens foram terminantemente contra a ideia de realizar testes científicos para determinar se eu era ou não um deles. Acho que estavam preocupados principalmente com o estresse que a descoberta causaria em Erika, que não estava bem de saúde.

Outros, no entanto, acharam que o resultado poderia ser a peça principal do quebra-cabeça; depois de muita conversa, a família permitiu que eu fizesse os exames. Comecei então a procurar um laboratório.

Descobri que não seria fácil nem barato. A ciência dos testes de DNA começou apenas em 1985, e, na época, o exame era tanto rudimentar quanto usado apenas pelas autoridades competentes. Desde então, ele havia sido aprimorado e se tornou disponível comercialmente, mas ainda era caro. Para realizar os exames, tive de colher minha própria saliva para comparação e assumir uma dívida de pelo menos mil euros.

Todos os cotonetes que tinha coletado na Eslovênia seriam processados para isolar o DNA individual de cada um. Embora 99,9% das sequências do DNA humano sejam as mesmas para todos, há diferenças suficientes para que seja possível distinguir um indivíduo de outro. Os cientistas buscariam nessas sequências algumas partes chamadas *loci*.

Quando duas pessoas são parentes de sangue, esses *loci* são bem parecidos; em amostras de doadores sem nenhuma relação biológica, os *loci* são totalmente diferentes.

Resolvi usar minhas economias para pagar os testes. Isso significava poupar nos outros gastos e não ter férias durante um tempo, mas, no fim, concluí que não tinha outra forma de resolver a questão. Embalei cuidadosamente os cotonetes e os enviei para um laboratório em Munique.

Os resultados demoraram vários meses. Quando os recebi, eles tanto revelaram a resposta para o quebra-cabeça maior quanto criaram um novo mistério.

Primeiro olhei o resultado das amostras fornecidas pela cabeleireira e sua mãe; como eu suspeitava, nenhuma delas tinha parentesco genético comigo. Permiti-me experimentar uma leve culpa por estar aliviada; era nítido que aquela senhora vivia na pobreza, o que era triste de ver. O tempo todo eu esperei que minha família biológica não tivesse sofrido; era doloroso pensar que minha mãe poderia ter passado dificuldade na vida.

O próximo resultado era de Rafael Matko, filho de Ludvig e Maria. Quando li o papel, meu sentimento de culpa se transformou em felicidade intensa.

> *A análise científica mostra que Ingrid von Oelhafen e Rafael Matko são parentes de segundo grau. [...] há 93,3% de certeza de que Ingrid von Oelhafen é tia de Rafael Matko.*

Eis a prova que eu procurava há tanto tempo. Se eu era tia de Rafael, então eu era irmã de Ludvig e filha de Johann e Helena Matko. Eu tinha encontrado a peça central do quebra-cabeça: inquestionavelmente, eu era Erika Matko, de St. Sauerbrunn/Rogaška Slatina.

É difícil para mim dizer o que a notícia significou. Não acho possível entender totalmente essa emoção avassaladora, a menos que se passe pelo que passei na vida – assombrada pelo desconhecimento da minha identidade e origem. Era como ser libertada. Senti que me tiravam dos ombros o peso que carreguei durante 60 anos.

Mas, como parecia sempre acontecer, o resultado do outro teste me arrastou de volta para a incerteza. A análise da amostra de saliva de Marko Matko – primo de Rafael – resultou no que parecia uma completa contradição: havia 98,8% de certeza de que não éramos parentes.

Simplesmente não tinha sentido. Pensei na árvore genealógica da família para me lembrar do que sabia: Johann e Helena tiveram três filhos: Tanja, Ludvig e Erika. Rafael era filho de Ludvig, e o teste mostrou que eu era tia dele; portanto, eu tinha de ser Erika. Mas o teste também mostrou que o filho de Tanja, Marko, não era meu parente biológico. Por mais que eu mexesse as peças, não conseguia encaixá-las. Se eu era irmã de Ludvig e Tanja, por que não era tia de Marko? A família Matko parecia cercada de segredos.

A pessoa mais provável de ter as respostas era a outra Erika, minha última parenta de primeiro grau – pelo menos em teoria –

ainda viva. Ela tinha sido criada por Helena e Johann e crescido junto com Tanja e Ludvig. Mas continuava ignorando minha carta. Só me restava concluir que ela não estava preparada para me ajudar a descobrir a verdade. Tudo muito frustrante. Eu não entendia por que ela estava sendo tão arredia.

Por fim, decidi me concentrar no que havia de concreto. Eu tinha certeza de que era – ou tinha sido – Erika Matko, filha de Johann e Helena, e que pelo menos Ludvig era meu irmão. Como Tanja e a outra Erika se encaixavam na história ainda era um mistério, mas pelo menos eu tinha certeza de quem eram meus pais biológicos. Isso, sim, era um verdadeiro conforto.

Por outro lado, eu continuava distante da verdade sobre como haviam me tirado dos meus pais. As peças que faltavam só apareceriam quatro anos depois.

PUREZA

Ter raízes talvez seja a necessidade mais importante e menos reconhecida da alma humana.
Simone Weil, O enraizamento, 1949

Wernigerode fica a leste da cordilheira de Harz, na área central da Saxônia. Uma cidade tranquila e pitoresca, onde casas em estilo enxaimel ladeiam o rio Holtemme e ainda se ouve o som da roda das charretes rangendo nas ruas de pedra. Parece o cenário de um conto de fadas, o tipo de lugar em que os irmãos Grimm deviam se inspirar para suas histórias.

Mas Wernigerode tinha outra história nada confortável. No topo de um morro íngreme, na entrada da cidade, ficam as ruínas de Heim Harz, uma das casas da rede Lebensborn.

Era final do verão de 2005. Eu me dirigia a Wernigerode para participar da criação de uma nova organização, a Lebensspuren (em tradução literal, significa "rastros da vida"). Era nossa primeira tentativa de promover um encontro entre quem nasceu ou cresceu no programa de Himmler em busca de uma raça dominante. Tínhamos um objetivo duplo: fornecer uns aos outros o apoio de que tanto necessitávamos e derrubar o preconceito e a vergonha que impediam que as pessoas entendessem o que tinha nos acontecido em razão do Lebensborn.

A jornada era longa. A estrada percorria mais de 260 km através de bosques e campos no centro da Alemanha; enquanto dirigia, tive tempo de refletir sobre o que me conduziu àquele momento. Fazia mais de cinco anos que começara a busca de minhas raízes. Aprendi muita coisa durante esse tempo, embora permanecesse a sensação de saber tão pouco.

Nos dez meses que se passaram desde que recebi o resultado dos testes de DNA provando quem eu era, não avancei na investigação de como havia sido levada para o programa Lebensborn, tampouco na compreensão plena da extensão do projeto em si.

Nesse aspecto, eu não estava sozinha. O encontro em Hadamar tinha sido o primeiro passo para que o pequeno grupo de crianças do Lebensborn se juntasse e compartilhasse suas histórias. Cada um tinha uma pequena parte montada do quebra-cabeça, mas mesmo reunidas ainda não completavam a imagem. O objetivo da organização Lebensspuren era encontrar pelo menos algumas peças que faltavam.

O nome era uma distorção proposital de *Lebensborn*; embora o programa significasse, na visão e na linguagem de Himmler, "fonte da vida", nossa associação – registrada formalmente em cartório – seria a maneira de os sobreviventes a explicarem. Mas eu também estava ciente de um jogo sutil de palavras contido no nome que escolhemos: a sílaba do meio, *pur*, era o reconhecimento da obsessão nazista com a pureza racial que estava na raiz de nossa criação.

Para reforçar nosso princípio fundador, escolhemos uma citação para encabeçar nosso estatuto social.

> *O desenraizamento é, sem comparação, a doença mais perigosa à qual está exposta a sociedade humana. Quem não tem raízes desenraiza os outros. Quem tem raízes não desenraiza os outros. Ter raízes talvez seja a necessidade mais importante e menos reconhecida da alma humana.*

O trecho é de Simone Weil, filósofa e ativista francesa. Ela lutou contra o fascismo na Alemanha no início da década de 1930 e depois trabalhou como voluntária no lado republicano durante a Guerra Civil Espanhola. Em 1943, escreveu um livro chamado *O enraizamento*, em que analisa o mal-estar social, cultural e espiritual que assola a sociedade ocidental. A citação que escolhemos resume perfeitamente a história de nossas vidas.

Eu gostei de Guntram Weber no instante em que o conheci. Estávamos hospedados na mesma pensão e tínhamos em comum o interesse em trabalhar com pessoas jovens. Guntram era professor de escrita criativa, especializado em ajudar jovens carentes. Era dois anos mais novo que eu, mas seu rosto denunciava a dor que sofrera a vida toda. Quando se levantou para contar a própria história no nosso encontro, seus olhos não pararam de lacrimejar à medida que descrevia sua luta para encontrar a verdade de suas origens e como desejou incontrolavelmente esquecê-la depois de descobri-la.

Guntram cresceu numa família típica do pós-guerra – vista de fora, uma família normal. Ele morava com os pais, uma irmã mais velha e um irmão mais novo. Mas, entre quatro paredes, a história era diferente.

> *Eu me lembro de não me sentir muito normal quando criança. Os parentes pareciam me tratar de um jeito estranho, e pouco a pouco fui percebendo que o homem que eu chamava de pai na verdade era meu padrasto. É claro que eu queria saber quem era meu verdadeiro pai, mas o assunto era tabu na nossa casa.*
>
> *Minha mãe treinou muito bem meus parentes para esconder a verdade por trás de declarações vagas. "Foi a guerra", diziam. "Tudo era muito difícil. A gente não se via muito. Pergunte para sua mãe."*

Sua mãe só concordou em discutir o assunto quando ele completou 13 anos.

> *"Muito bem, Guntram", disse ela. "Você já tem idade suficiente para saber a verdade sobre seu pai." Ela então me disse o nome dele, a data de nascimento e que tinha se casado com ele em 1938, num dia lindo e ensolarado, e que eles foram para a igreja de charrete.*
>
> *Durante a guerra, ele foi motorista de caminhões para a Luftwaffe, distante do* front, *e acabou morrendo depois de passar sobre uma mina terrestre na Iugoslávia. Ela acrescentou que ele não estava envolvido na morte de ninguém.*
>
> *Mas não havia fotos ou documentos desse homem, e, quando pressionei minha mãe, ela disse que não queria mais falar no assunto porque era muito doloroso.*

A história era plausível. Guntram desconfiou de alguma coisa, mas o clima da vida familiar na Alemanha nos anos 1950 desencorajava vigorosamente qualquer pergunta embaraçosa. Muitas crianças ouviram mentiras sobre o que os pais fizeram na guerra, e, como eu sabia por experiência, não era "elegante" questioná-los.

A curiosidade e a incerteza consumiam Guntram. Muitas vezes ele pensou em enfrentar a mãe e contar sobre suas dúvidas, mas nunca conseguiu. A falta de quaisquer fotografias ou documentos o levou a duvidar da história do motorista não combatente da Luftwaffe; em vez de se apegar a esse relato, ele supôs que seu pai tivesse sido nazista e que esse seria o motivo do comportamento misterioso da família. Começou a examinar os traços de seu rosto no espelho e devorar livros de História na biblioteca da escola, procurando fotografias de soldados que poderiam ter sido seu pai ou de vigias em campos de concentração femininos que se parecessem com sua mãe.

Durante um período terrível, ele chegou a se convencer de que Joseph Goebbels, ministro da Propaganda do Reich e um dos seguidores mais devotos de Hitler, pudesse ser seu pai. Um ano depois, mais ou menos, ele descobriu um fato ainda mais perturbador.

> *Minha mãe tinha um baú no canto direito do guarda-roupa. Um dia, quando ela saiu de casa, decidi olhar o que ela guardava lá dentro. Eu tinha muito medo de fazer isso, pois sabia que estava quebrando a confiança entre nós, e ela era minha única segurança no mundo. Mas eu sentia que não tinha escolha.*

Dentro do baú, Guntram encontrou a primeira pista de sua identidade: um pequeno caneco de prata. Nele havia uma gravação bastante perturbadora.

> *Éramos uma família muito pobre na época. Como muitas outras, minha mãe perdera tudo durante a guerra, por isso era bastante raro ter algum objeto de prata em casa. Peguei-o com cuidado e vi meu nome de batismo gravado, mas meu segundo nome aparecia como "Heinrich". Do outro lado havia outra gravação: "Do seu padrinho, Heinrich Himmler".*

A vontade de Guntram foi questionar imediatamente a mãe sobre o caneco. Mas ela era reservada, do mesmo modo que Gisela era comigo, e Guntram sabia como sua mãe reagiria mal se soubesse que ele havia mexido no armário. O mistério continuou velado e inquietante.

Em 1966, ele ouviu pela primeira vez a palavra *Lebensborn*. Sua irmã mais velha precisou de uma certidão de nascimento para se casar e se surpreendeu ao descobrir que não tinha nenhuma. Quando questionou a mãe, ela se esquivou e disse para a filha que não sabia onde estava o documento.

Mas uma pesquisa em seu local de nascimento desvelou a inesperada notícia de que a irmã de Guntram era filha ilegítima de um oficial do Exército. Os documentos de registro estavam intactos e mostravam que ela havia nascido numa casa Lebensborn. Isso levou à revelação de que Guntram também era uma criança do Lebensborn. Em vez de questionar a mãe, ele resolveu ir embora e se mudou para os Estados Unidos. Lá permaneceu oito anos e criou uma nova família, deixando de lado as perguntas sobre seu passado.

Depois de perder a esposa num acidente de carro, ele voltou para a Alemanha com o filho. Não demorou para que voltasse a ser perseguido pelas dúvidas a respeito de suas raízes, até que, em

1982, confrontou a mãe durante uma longa viagem de carro em que, nas palavras dele, "ela não podia fugir de mim". Ele saiu da estrada e obrigou a mãe a falar.

> *Minha mãe ficou furiosa, mas disse três frases que nunca mais vou esquecer. Primeiro, ela disse: "Não quero falar sobre isso". Depois, tentou me dissuadir de vasculhar o passado: "As pessoas vão te caluniar", disse ela. Por fim, quando percebeu que eu não ia desistir, ela prometeu escrever toda a história para mim. Eu acreditei e me senti aliviado, acreditando que ela me escreveria a verdade.*

Mas ela nunca escreveu. Para a mãe de Guntram, era simplesmente difícil demais tocar no assunto. Ela morreu dois anos depois, levando seus segredos para o túmulo e deixando Guntram frustrado e com raiva. Como ela lhe disse uma vez num momento de descuido: "A relação entre mãe e filho é uma luta de poder". Guntram concluiu que havia sido impotente nessa luta.

Foi somente em 2001, aos 58 anos, que Guntram descobriu quem era seu pai – não, como lhe dissera sua mãe, um jovem soldado que morreu de maneira honrada, mas sim um general de brigada da SS que supervisionou a morte de dezenas de milhares de pessoas enquanto esteve baseado no que hoje é a região oeste da Polônia. Ele foi julgado por crimes de guerra e condenado à morte por um tribunal polonês em 1949, mas acabou fugindo para a Argentina, onde morreu em 1970.

> *Meu pai era um criminoso de guerra. Um sujeito que se permitia tudo. E a SS lhe possibilitou viver dessa maneira. Imagino que minha mãe tenha se apaixonado por um militar poderoso.*

> *Ele morreu de forma pacífica, e, no funeral, seus velhos colegas, ao lado do túmulo, ergueram o braço direito em saudação nazista. Assim soube que um racista será sempre um racista.*

Havia uma ironia intensa no relato que Guntram nos deu da própria vida. Como bebê do Lebensborn, seus genes "racialmente puros" supostamente garantiriam que ele se tornasse um homem forte e confiante – futuro líder da raça dominante. Em vez disso, ele sofreu durante por mais de 60 anos com baixa autoestima, solidão e incerteza. A única coisa que o ajudou, disse ele em nosso encontro em Wernigerode, foi encontrar outras crianças do Lebensborn.

> Para mim foi um alívio imenso, embora eu não tenha conseguido me livrar do sentimento de inadequação. Talvez daqui a dez anos ele desapareça. É importante que outras crianças, na Alemanha e no exterior, saibam da existência desse grupo, porque isso pode ajudar.

Eu concordava plenamente com Guntram. Para mim, era preciso discutir publicamente sobre o Lebensborn para que outros homens e outras mulheres que passaram pelo programa pudessem entrar em contato conosco e, quem sabe, encontrar algum conforto. Mas, em 2005, o grupo ainda não estava pronto para isso; nossos encontros eram particulares: um dos motivos era a sensação de vergonha ainda ligada ao nosso passado.

De certo modo, Helga Kahrau exemplificou o dilema que todos nós enfrentávamos, o de precisar de apoio e aceitação e, ao mesmo tempo, lutar com a dolorosa realidade de seu nascimento. Uma mulher alta, vigorosa, cheia de mechas vermelhas no cabelo loiro, Helga nascera no núcleo do regime nazista. Durante a guerra, sua mãe, Margarete, trabalhou como secretária no gabinete de Martin Bormann, o maior assistente de Hitler e de Joseph Goebbels. Ela se lembrava de ter sido criada com privilégios e conforto, cercada de homens de boa aparência vestidos em uniformes impecáveis.

Nas décadas que se seguiram ao fim do Terceiro Reich, Margarete se recusava a falar com Helga sobre a guerra, mais ainda sobre o pai que nunca conhecera. Somente depois da morte da mãe, em 1993, é que Helga começou a vasculhar o passado da família. E ficou apavorada com o que descobriu.

Margarete era uma nazista fervorosa que mal conhecera o pai de Helga. Ele era oficial do Exército alemão, e os dois se conheceram, em junho de 1940, numa festa de comemoração da conquista da França por parte de Hitler. Eles passaram uma única noite juntos, e Margarete engravidou. Ela era a candidata perfeita para o programa de raça dominante de Himmler: comprometida com a política, pura em termos de raça e grávida de um filho ilegítimo de um soldado alemão igualmente ariano. Nove meses depois, Helga nasceu na casa Lebensborn de Steinhöring, nas proximidades de Munique.

Quando Helga estava com 3 meses, Margarete deixou a casa e voltou a trabalhar com Goebbels no Ministério da Propaganda. Helga foi entregue a pais de criação; seu novo pai era um oficial nazista de alto escalão alocado na cidade ocupada de Łódź, na Polônia. Lá, acreditava Helga, ele ajudou a supervisionar o extermínio de milhares de judeus em câmaras de gás no campo de concentração de Chełmno.

> Passei os primeiros quatro anos de vida sendo cuidada e educada pela elite nazista. Estive basicamente envolvida com assassinos.

No final da guerra, Helga voltou para Munique para finalmente ser criada por sua mãe biológica. Aqui ela via a ironia da obsessão de Himmler com características nórdicas. Embora a cidade e seus arredores fossem o berço do nazismo, a maioria do povo da Baviera tinha o cabelo escuro: as características que o Lebensborn valorizava garantiram que Helga se destacasse.

> Eu era loira, alta e ariana, diferente dos alemães do Sul, e todo mundo me perguntava de onde eu era. Eu não podia responder.

O único documento que Helga tinha era uma certidão de nascimento enigmática de uma "maternidade da SS", em que constava o nome da mãe, mas não o do pai. Além disso, Margarete Kahrau não fazia questão de ajudar a filha a entender – ela escondeu a verdade de propósito, dizendo que o pai de Helga tinha sido um soldado morto na guerra.

Ela também evitava falar sobre o que fazia enquanto trabalhou no Reich de Hitler; como a maioria dos alemães de sua geração, Margarete preferia se esquecer dos nazistas.

Quando Margarete morreu, em 1993, Helga começou a investigar. Descobriu documentos nazistas com detalhes sobre seu pai de criação e os crimes que ele havia cometido em nome da Solução Final. Mas não havia nada nos documentos sobre seu pai biológico.

Até que, em 1994, ela recebeu o telefonema de um homem que dizia ter sido oficial da Wehrmacht em Paris e que estivera com Margarete durante uma única noite de paixão. Ele sofria de um câncer terminal e queria contatar a filha. Para Helga, foram a alegria e a dor num só momento: finalmente ela encontrara o verdadeiro pai, mas justo no leito de morte. Ela decidiu aproveitar ao máximo o tempo que lhes restava e se dedicou a cuidar dele 24 horas por dia.

Seu pai tivera muito sucesso no pós-guerra como empreendedor de imóveis, carreira que o deixou multimilionário. Como era a filha mais velha, Helga teria direito a pelo menos parte desses bens. Mas a herança que Helga recebeu depois da morte do pai foi bem diferente.

Seu pai não deixou testamento; pouco depois do funeral, Helga recebeu uma carta dos advogados dele dizendo que, como ela era ilegítima, não tinha direito a nada.

Desde então, Helga encontra algum conforto visitando seu local de nascimento, a casa Lebensborn em Steinhöring. Mas nunca se conformou com a própria identidade e teme constantemente que as pessoas a considerem uma nazista, como sua mãe e seu padrasto.

> *Cresci no território de assassinos. Ser uma criança do Lebensborn ainda é motivo de vergonha para mim.*

Vergonha – a palavra que arruinou a vida de tantas pessoas ligadas ao plano de Himmler de criar uma nova raça dominante. Quanto mais relatos eu ouço de quem nasceu dentro das casas Lebensborn, em vez de ser raptado para fortalecer o projeto, mais orgulho sinto de ter sido uma *Banditenkinder*, filha de corajosos *partisans* que lutaram contra o domínio nazista.

Gisela Heidenreich tinha 4 anos quando sentiu essa vergonha pela primeira vez: sem querer, ela ouviu o tio descrevê-la como "bastarda da SS". Gisela era da Baviera e tinha 63 anos – uma mulher alta, de aparência claramente ariana. Era terapeuta familiar, um fato que me chamou a atenção. Parecia haver uma característica comum nas crianças do Lebensborn: coincidência ou não, muitos de nós escolhemos carreiras que consistem em ajudar os outros a superar problemas, ao mesmo tempo que enfrentamos os nossos.

Gisela fez um relato intenso de como sofreu a vida toda e da rede de mentiras que tanto prejudicou sua infância. Sua mãe era Emilie Edelmann, a secretária do Lebensborn que testemunhara em Nuremberg, responsável por encontrar pais de criação que cuidariam das crianças roubadas dos países ocupados.

Como muitos dos que fizeram parte do Lebensborn, Emilie guardava segredos e contava mentiras. No começo, fez Gisela acreditar que não era sua mãe verdadeira, mas sim sua tia. Depois, admitiu que havia mentido e que, enquanto cuidou da burocracia de Himmler, acabou engravidando de um homem casado. A SS a enviou para a Noruega ocupada, onde daria à luz numa casa Lebensborn perto de Oslo. Sete meses depois, Emilie voltou com Gisela para a Alemanha.

Durante toda a infância de Gisela, sua mãe se recusou a responder quaisquer perguntas sobre a guerra. Foi somente depois da morte de Emilie que Gisela descobriu como era profundo o envolvimento da mãe com os nazistas. Ela encontrou um monte de cartas de amor trocadas por Emile e Horst Wagner, diretor do Departamento de "Assuntos Judaicos" do Ministério do Exterior do Reich e oficial de ligação do departamento com a SS. Nesse papel, ele ajudava na perseguição, na deportação e no extermínio de judeus alemães e estrangeiros.

O caso amoroso de Emilie e Wagner chegou ao ponto de o casal pensar no registro formal de Wagner como padrasto de Gisela. O relacionamento continuou depois da queda do Reich, até que Wagner foi preso pelos americanos e ficou detido enquanto esperava o julgamento em Nuremberg. Antes de ser julgado, no entanto, fugiu para a América do Sul com a ajuda da infame operação *Ratline* (caminho de ratos).

Por mais chocante que fosse, a informação não ajudou Gisela na descoberta da verdadeira identidade do pai. Muitos anos depois, ela descobriu que ele tinha sido diretor da escola de oficiais da ss em Bad Tölz, na Baviera. Ela resolveu ir atrás do pai, e a reação que teve quando o encontrou tanto a surpreendeu quanto a ajudou a entender por que tantos alemães conseguiam viver mesmo sabendo dos crimes cometidos pelos nazistas.

> Eu o encontrei pela primeira vez numa estação de metrô. Corri para os braços dele e só conseguia pensar: "É meu pai". Naquele instante, purifiquei a pessoa que eu sabia ser meu pai. E nunca perguntei o que ele tinha feito. Minha reação – de uma mulher adulta e esclarecida, que conhecia o programa Lebensborn – me ajudou a entender como as pessoas naquela época tapavam os olhos e ignoravam as coisas terríveis que estavam acontecendo.

Motivada em parte pela própria experiência do tratamento dado no pós-guerra aos bebês noruegueses nascidos nas casas do programa, Gisela levou para nosso grupo a determinação de reabilitar a imagem das crianças do Lebensborn.

Como ouvi no primeiro encontro em Hadamar, o ódio norueguês para com os exércitos de ocupação alemã levou à discriminação contra oito mil crianças nascidas em casas Lebensborn, como Gisela. No início, o governo pós-guerra tentou despachar todas as crianças para a Austrália. Quando esse plano fracassou – pois a Alemanha estava em ruínas, e o povo passava fome –, algumas crianças foram trancafiadas em instituições psiquiátricas ou orfanatos.

Gisela acreditava que o ódio e a perseguição eram motivados pela culpa nacional da Noruega por se deixar ocupar, pela vergonha dos líderes por terem colaborado com os nazistas – e, sobretudo, pelos rumores de que as casas Lebensborn eram "criadouros da ss". Três anos antes, o governo norueguês pagou em segredo uma média de 24 mil euros de compensação às crianças que vitimou. Agora, disse Gisela, estava na hora de parar com as mentiras e acabar com a discriminação.

> *Já passou da hora de dizer a verdade. Já houve rumores demais sobre bebês nazistas, mulheres mantidas como prostitutas da SS e fabricação de pessoas loiras e altas. O propósito do Holocausto era exterminar as raças ditas menos desenvolvidas. O Lebensborn foi o reverso da moeda: a ideia era fomentar a raça ariana por quaisquer meios disponíveis.*
>
> *Aprendi que eu bem como cada criança do Lebensborn temos um sentimento de profunda incerteza quanto à nossa identidade; é algo típico das crianças do Lebensborn. E isso tem que acabar.*

As histórias angustiantes dessas crianças arianas "puras" eram ainda apenas metade do quadro. Havia outras pessoas no encontro inaugural da Lebensspuren que, como eu, foram obrigadas a entrar no programa de Himmler. Seus relatos me ajudaram a entender o funcionamento do processo.

O que aconteceu com Barbara Paciorkiewicz foi típico. Ela nasceu em 1938 na Gdynia, perto de Gdansk, na Polônia. O nome de sua família era Gajzler, mas, como a mãe havia morrido, e o pai, desaparecido, ela e a irmã foram separadas, indo cada uma morar com um dos avós.

Gdansk ficava na parte da Polônia sob ocupação alemã, e os nazistas a renomearam como Danzig. Em 1942, quando Barbara tinha 4 anos, o Centro de Bem-Estar Infantil ordenou que todas as crianças fossem levadas à regional de Łódź. Sua avó levou Barbara e foi obrigada a deixá-la lá.

Havia muitas crianças no centro. Cada uma foi medida – cabeça, peito e cintura – e pesada. Depois lhes fotografaram o rosto em diversos ângulos. As medidas eram tiradas pelos peritos raciais de Himmler, que procuravam crianças racialmente apropriadas para germanizar. Barbara tinha cabelo loiro e parecia nórdica – portanto, foi enviada a uma sucessão de diferentes casas em Łódź.

> *Lá eu fui submetida a outros testes – sempre havia mais testes. Lá éramos proibidos de falar polonês e éramos dolorosamente punidos se o fizéssemos. Lá todos nós chorávamos, sem exceção.*

O relato de Barbara sobre o próprio rapto era semelhante a outros que eu já tinha ouvido. Mas suas lembranças do que viveu na

PUREZA

A bandeira
da SS
tremula do lado
de fora de uma
casa Lebensborn.

casa Lebensborn de Bad Polzin me forneceram novas informações de como deve ter sido o que vivi no programa.

> *É nesse ponto que minhas lembranças começam. Eu me lembro exatamente de onde éramos mantidas, das condições do lugar e do tratamento que recebíamos. Havia uma separação entre nós, crianças roubadas, e as que nasceram na casa.*
>
> *Todas as crianças roubadas eram mantidas no primeiro andar. Os bebês nascidos na casa ficavam no andar de cima, e nós nunca podíamos ficar junto deles, nem a equipe que cuidava deles tinha permissão de interagir com a equipe que cuidava de nós. Era como se houvesse entre nós uma hierarquia de valor: aparentemente, os nazistas consideravam os bebês mais importantes do que as crianças levadas para germanização.*
>
> *Nós passávamos por exames médicos constantes – acho que devia ser todos os dias. Ficávamos numa grande sala no primeiro andar, com uma parede semicircular comprida só de janelas. Estive lá de novo e a sala ainda existe; parece que não mudou nada.*
>
> *A sala tinha uma atmosfera sinistra. Nós éramos levadas uma a uma para outra sala contígua, onde um médico nos dava injeções. Acho que eram para nos acalmar: não vejo outro motivo. E nós, crianças, como tínhamos pavor de injeção, só chorávamos naquela sala; ninguém nunca ria.*

Mesmo para os preciosos bebês arianos como Guntram Weber, o regime nas casas Lebensborn era tão frio que se tornava severo. Eles eram separados da mãe logo depois do nascimento, e assim ficavam por 48 horas. Depois, passavam apenas 20 minutos com a mãe a cada 4 horas; mesmo nesse curto período de contato, a equipe da SS desencorajava as mães de acariciar ou conversar com os filhos.

A equipe monitorava as crianças mais velhas constantemente, fazendo relatórios de seu comportamento. Falta de higiene, enurese, flatulência, unhas roídas e masturbação – que era proibida, algo dito aos meninos mais velhos assim que chegavam – eram o suficiente para garantir a expulsão das casas; as crianças rejeitadas eram mandadas para campos de educação forçada, onde eram brutalizadas e às vezes exploradas no trabalho escravo.

Esse regime espartano tinha como propósito produzir futuros líderes, fortes e implacáveis, para a raça dominante. Mas crianças precisam de amor, e não de uma disciplina inflexível. Barbara Paciorkiewicz lembrava claramente de como as regras muitas vezes produziam o efeito oposto ao desejado pelo programa de Himmler.

> *As crianças geralmente reagiam às regras fazendo xixi na cama. De manhã, quando alguém descobria, elas apanhavam; mesmo que só uma criança tivesse molhado a cama, todas nós éramos punidas.*

O plano geral de Himmler era o mesmo para os dois tipos de criança do Lebensborn; enquanto durasse a guerra, as crianças seriam entregues a pais de criação escolhidos cuidadosamente para criá-las como modelos de arianos.

Depois da vitória da Alemanha, os garotos seriam enviados para escolas de elite – a rede de internatos da SS, Nationalpolitische Erziehungsanstalten –, onde receberiam educação física e política de qualidade. As garotas seriam enviadas para escolas dirigidas pela Bund Deutscher Mädel – equivalente feminino da Juventude Hitlerista – e treinadas para se tornarem mães e donas de casa.

Barbara também descobriu como o Lebensborn ocultava propositalmente a verdadeira identidade das crianças roubadas de territórios ocupados.

Primeiro, para apagar todos os rastros de onde as crianças haviam sido capturadas, eles as proibiam de falar sua língua materna; depois, diziam para os pais adotivos que as crianças eram órfãs de soldados alemães abatidos. Os homens que lideravam o programa – os que foram acusados e absolvidos no julgamento de Nuremberg – sabiam que era mentira; mas as ordens de Himmler deixavam claro que, para crianças mais novas, como Barbara e eu, cada característica de nossa vida prévia, na Polônia ou na Iugoslávia, tinha de ser eliminada.

Os pais de criação de Barbara eram de Lemgo, na Renânia do Norte/Vestfália. Os Rossmann tinham pouco mais de 50 anos e tiveram filhos que se alistaram na Wehrmacht; também tiveram uma filha que morreu de escarlatina aos 9 anos de idade. Nenhum dos dois, até onde Barbara descobriu, era membro do Partido Nazista: *Herr* Rossmann era diretor de uma escola e sua esposa, dona de casa.

Por mais que eles fossem bons e gentis e que desejassem muito uma criança para substituir a filha que perderam, Barbara, desde pequena, se sentia deslocada na nova família. Além disso, ela tinha pesadelos constantes de que homens desconhecidos entravam por uma janela aberta para roubá-la.

> *Sempre pairava uma tensão na casa. Quando eu entrava em um cômodo qualquer, todo mundo parava de falar. E eu sempre me perguntava: "O que há de errado em mim para que isso aconteça?".*

Na Polônia, a avó de Barbara nunca perdeu a esperança de encontrá-la. No final da guerra, ela entrou em contato com a Cruz Vermelha, que encontrou documentos dizendo onde Barbara estava vivendo. Não demorou para que ela fosse arrancada dos pais adotivos e levada para um abrigo temporário dirigido pelo Exército Britânico. Seis meses depois, Barbara foi colocada num trem de volta para a Polônia. Ela estava com 11 anos e nunca tinha ouvido falar dos pais biológicos, tampouco que suas origens eram diferentes das de qualquer menina alemã normal.

> *Eu estava confusa e com muito medo; para mim, os Rossmann eram meus pais verdadeiros, e eu não conhecia nada da Polônia. Eu não falava polonês e não sabia que tinha uma avó. Tudo me parecia uma jornada terrível ao desconhecido.*

Percebi que eu nunca havia pensado no que acontecia, depois da guerra, com as crianças roubadas. Talvez pelo fato de os Von Oelhafen guardarem segredo sobre minha própria condição, nunca me ocorreu que outras crianças pudessem ter sido rastreadas e mandadas de volta para um país do qual não se lembravam. A história de Barbara me fez pensar se eu gostaria ou não de ser devolvida à Iugoslávia caso tivesse escolha.

> *A viagem até a Polônia foi demorada e desagradável. Às vezes o trem ficava dias rodando na mesma linha. Até que escutei alguém gritar "Polônia, Polônia", e todos ficaram felizes. Eu não senti alegria nenhuma quando cheguei.*
>
> *Fomos levadas para um acampamento da Cruz Vermelha em Katowice – um verdadeiro caos, com as pessoas correndo e chamando nomes para todos os lados. Minha avó tinha mandado meu tio me buscar, e ele gritava, mas eu não tinha a menor ideia de quem ele era ou o que dizia, porque estava falando polonês. Só entendi quando ele gritou "Gajzler/Rossmann". Nesse momento, também entendi que eu tinha perdido completamente minha identidade.*

Nas ruínas da Polônia pós-guerra – país com todos os motivos para odiar a Alemanha –, Barbara se sentia confusa e isolada. Seu tio e a esposa estiveram num campo de trabalho forçado junto com crianças mais velhas roubadas de Gdynia, mas que não foram consideradas racialmente valiosas.

Barbara foi levada para uma visita ao antigo campo de concentração Stutthof, perto de Gdansk; seu tio a fez olhar as pilhas e pilhas de calçados infantis e as câmaras de gás: 85 mil pessoas morreram lá, e ele queria que ela visse e entendesse o que os alemães fizeram. Mas ela ainda se considerava alemã – era impossível acreditar no que dizia o tio.

> *Eu achava que os alemães eram todos bons: era como eu tinha sido criada. Mas na escola era pior: as brincadeiras no parquinho colocavam Hitler como vilão. Como eu era alemã, sempre me escolhiam como Hitler; mas eu não ligava – na verdade, na minha ignorância, eu esbravejava com orgulho que Hitler era meu tio.*
>
> *Eu sempre achava que tudo aquilo era um terrível mal-entendido, que tinham me confundido com alguém, o que explicaria o fato de uma boa menina alemã como eu ter ido parar naquele lugar estranho.*

Barbara Paciorkiewicz falou com tranquilidade e seriedade. Mas consegui reconhecer em sua fala a verdade do nosso lema na Lebensspuren. Como Simone Weil havia percebido, todos nós ainda ansiávamos encontrar nossas raízes e nos conectar com elas. Não sermos capazes de fazer isso – porque o Lebensborn havia destruído nossa identidade original e porque a maioria das famílias construiu à nossa volta uma muralha de segredos – corroeu a tessitura da nossa vida durante décadas. Barbara falou por todos nós quando mencionou a importância que nossa organização poderia ter e de como se sentiu afetada por ela.

> *Durante toda minha vida, eu nunca me senti bem o suficiente – também nunca soube de fato quem eu era ou de onde eu realmente vinha. É uma dor muito profunda. Eu sempre quis fazer muitas perguntas, mas até muito pouco tempo não havia a quem perguntar.*
>
> *Agora eu quero falar no assunto, mesmo que doa, para que o mundo não se esqueça de como é pavorosa a ideia de roubar crianças e realizar testes raciais. Isso nunca mais pode se repetir.*

A questão era como conseguir isso. Havia poucas dezenas de pessoas nesse primeiro encontro, uma quantidade mínima quando comparada ao número de crianças nascidas no Lebensborn ou roubadas para o programa, e já ficava claro que havia diferenças entre nós. Algumas pessoas achavam que devíamos sair das sombras e dar uma coletiva para a imprensa; outras queriam se concentrar na construção de um memorial lá mesmo, em Wernigerode, no local da antiga casa Lebensborn. Senti que os próximos anos nos reservavam problemas e discussões.

ROUBO

Às 6h30, cerca de 430 crianças, de idades entre 1 e 18 anos, foram levadas de automóvel até a estação de trem. As crianças levavam apenas o que conseguiam carregar, uma bagagem de mão. Para o desjejum, recebiam café preto e um pedacinho de pão.

Memorando da Cruz Vermelha alemã,
agosto de 1942

Em outubro de 2007, as últimas peças do quebra-cabeça se encaixaram.

Os dois anos anteriores foram movimentados. Eu continuava trabalhando na clínica de fisioterapia (mas começava a pensar na aposentadoria), e a Lebensspuren ocupava quase todo meu tempo livre. Fomos a público em 2006; cerca de 40 crianças do Lebensborn participaram do nosso segundo encontro em Wernigerode, além de jornalistas alemães e da imprensa internacional. Jornais de renome começaram a publicar matérias sobre nós, e a BBC exibiu para o mundo todo uma história sobre o que chamou de "As crianças de Hitler". Guntram Weber, Gisela Heidenreich e eu respondemos a uma lista infindável de perguntas, cientes de que a exposição era fundamental para educar as pessoas sobre a verdade do experimento de raça dominante feito por Himmler.

A publicidade parecia funcionar. Aos poucos, foi ficando possível conversar sobre o Lebensborn, e, quanto mais se falava do programa, mais pessoas contatavam a Lebensspuren com suspeitas de que haviam feito parte do experimento. No ano seguinte, mais de 60 pessoas apareceram no encontro em Wernigerode.

Seria bom – embora provavelmente ingênuo – acreditar que nossa franqueza ajudou a abrir os arquivos cujos funcionários sempre nos negavam informações. Mas, quaisquer que tenham sido os motivos, o fato é que organizações que antes se mostravam inúteis finalmente começaram a abrir suas portas. O mais importante desses arquivos foi o Serviço Internacional de Busca, em Bad Arolsen.

O SIB era criticado havia muito tempo por não disponibilizar à consulta pública suas milhões de pastas de arquivos. Com o respaldo do governo alemão, eles alegavam que, segundo a lei federal, os documentos só poderiam ser disponibilizados cem anos depois de sua data de criação. Tratava-se, no entanto, de um argumento estranho: devido a seu financiamento multinacional e seu sistema de supervisão, o SIB não estava tecnicamente submetido à lei alemã. Os críticos alegavam que o verdadeiro motivo do segredo era o desejo de ocultar informações sobre o Holocausto na Alemanha.

O fato de, em janeiro de 2000, todos os 11 governos reunidos na comissão internacional do SIB pedirem a abertura dos arquivos nazistas no mundo inteiro parece respaldar essa ideia. Em março de 2006, o Museu Memorial do Holocausto dos Estados Unidos acusou publicamente de obstrução tanto o SIB quanto o Comitê Internacional da Cruz Vermelha.

> *O SIB e o CICV têm continuamente se recusado a cooperar [...] e têm mantido seus arquivos fechados.*

Dois meses depois, o SIB anunciou que finalmente abriria seus arquivos no outono de 2007.

Esperei durante sete anos para ver os documentos que a organização guardava sobre mim e minha família. Duas solicitações haviam rendido o reconhecimento da existência de documentos importantes, mas ele vinha acompanhado da informação de que seria preciso tempo para "avaliá-los", seguido de uma carta em 2003 perguntando se eu havia descoberto algo por conta própria.

Quando os documentos chegaram, encontrei bastante informação tanto sobre minha família biológica quanto sobre Gisela von Oelhafen. Os primeiros papéis detalhavam o que havia acontecido com Johann Matko; havia as datas em que foi preso por atividade *partisan* e mantido num campo de concentração em Mauthausen. Com uma eficiência típica, os nazistas inseriram o nome dele na lista de prisioneiros políticos. Eu não parava de me perguntar por que o SIB havia escondido de mim esses papéis por tanto tempo.

A segunda pilha de papéis era dos arquivos do Lebensborn, mostrando que Ingrid von Oelhafen tinha sido Erika Matko, de St. Sauerbrunn, na Iugoslávia. Havia anexada até a cópia de uma apólice de seguro em meu nome. Mais uma vez, não consegui entender por que eles nunca tinham me dado esses papéis. Passei um tempo valioso tentando encontrar St. Sauerbrunn na Áustria; o tempo todo, no entanto, o SIB tinha provas claras que me mostravam como natural da Iugoslávia.

Mas foi o terceiro lote de registros que realmente me chocou. Era uma série de cartas de vários setores da Cruz Vermelha, com data do início do pós-guerra.

As cartas mostravam que, em 1949, duas agências distintas haviam procurado por mim, na tentativa de me levar de volta para minha verdadeira família. A primeira foi a Caritas, organização católica de assistência humanitária internacional, cuja função era supervisionar o trabalho de todas as organizações beneficentes credenciadas pela ONU. Os oficiais da Caritas buscavam os rastros de crianças roubadas dos países ocupados pelos nazistas – em particular, a Iugoslávia – e devem ter encontrado meu nome na lista de transportes. Em seguida, escreveram para a Cruz Vermelha da Iugoslávia pedindo ajuda para me localizar.

Ao mesmo tempo, a agência internacional da Cruz Vermelha – que, na época, tinha responsabilidade total pela busca e repatriação de pessoas deslocadas – também estava me procurando e escreveu para a Cruz Vermelha da Iugoslávia na tentativa de confirmar minha verdadeira identidade.

Surpreendentemente, dadas as dificuldades geradas pela Guerra Fria e pela necessidade de criar um novo país unificado, os oficiais da Iugoslávia responderam. Eles não tinham muitos documentos propriamente ditos – a maior parte dos papéis do nazismo tinha sido destruída no combate ou nas fogueiras de última hora –, mas enviaram um requerimento urgente para o SIB em Hamburgo. Nesse requerimento, eles pediam para os agentes sociais da Cruz Vermelha alemã visitarem a família Von Oelhafen em Hamburgo para verificar se eu morava com eles e se eu era Erika Matko.

Parei para pensar e me lembrei de que, em 1949, eu não estava em Hamburgo, mas no abrigo infantil em Langeoog, para onde Gisela havia me mandado um dia depois de fugirmos para o lado ocidental. A menos que meus pais de criação decidissem ajudá-los, eles jamais teriam a chance de me encontrar e me questionar.

O documento final mostrava que Gisela nunca esteve mesmo disposta a falar.

CRUZ VERMELHA ALEMÃ
Centro de Hamburgo
25 de outubro de 1950

Para: Serviço Internacional de Busca, Setor Infantil, Arolsen
Assunto: MATKO, Erika, nascida em 11/11/1941 em St. Sauerbrunn

Fizemos uma visita à esposa de Von Oelhafen. Não conseguimos informações do marido, pois ele não mora mais em Hamburgo.

Frau von Oelhafen esteve viajando por algum tempo. No entanto, pegou pessoalmente a criança acima mencionada no abrigo infantil Kohren-Sahlis, em Leipzig; portanto, deveria ser capaz de prestar melhores esclarecimentos.

No entanto, a única coisa que ela tem como documento é um certificado de vacinação de Kohren-Sahlis, cuja cópia aqui anexamos. Frau

> *von Oelhafen, instigada pela Sociedade Lebensborn em Munique, foi até Kohren-Sahlis. Lá lhe disseram que Erika Matko era uma criança alemã genuína.*
>
> *Nesse momento, fazia seis meses que o garoto Dietmar Holzapfel morava com os Von Oelhafen: ele foi retirado de uma creche municipal em Munique. O pai dessa criança desapareceu em Stalingrado.*
>
> *Erika* MATKO *continuará sendo criada por* Frau *von Oelhafen. Não há intenção de adoção.* Frau *von Oelhafen se disponibilizou a fornecer quaisquer informações complementares. Ela também tem interesse em conhecer a origem da criança, para que possa responder à menina quando questionada. No entanto, não pode dar nenhum detalhe, pois lhe faltam documentos sobre a criança.*
>
> *Os Von Oelhafen também fugiram dos russos e, ao fazê-lo, perderam todos seus pertences.* Frau *von Oelhafen afirma que provavelmente recebeu um documento de transferência [para Erika Matko] no abrigo em Kohren-Sahlis. O papel se perdeu durante a fuga.*
>
> *Lamentamos o fato de não termos mais informações. Ficaremos extremamente gratos se os senhores nos atualizarem com o resultado de suas negociações em St. Sauerbrunn.*

Sem a colaboração de Gisela – e como o Lebensborn havia destruído todos os registros de minha verdadeira identidade –, não havia esperança de encontrar meus pais biológicos, muito menos de me mandarem de volta para eles. Todas as organizações envolvidas desistiram nesse momento.

Eu fiquei espantada. Gisela nunca me disse que tinha sido contatada pela Cruz Vermelha – nem quando tentei conseguir documentos oficiais do governo alemão. Também nunca deu sinal de que conhecia minha identidade original. Mas, pior que isso, eu sabia que ela tinha enganado os assistentes sociais; ela disse que o "documento de transferência" emitido quando o Lebensborn me entregou aos cuidados dela e de Hermann tinha desaparecido quando ela fugiu do setor russo em 1947. No entanto, encontrei o mesmo documento quando limpei o quarto dela nos anos 1990.

Para mim é difícil, mesmo agora, falar mal de Gisela. No fundo, eu ainda quero que ela me ame, mesmo que já tenha partido há muito tempo. Mas preciso deixar de lado essas emoções – devo reconhecer a atitude de Gisela pelo que foi: uma traição. Ela conscientemente me escondeu a verdade. Eu estava contente – feliz, até – por saber que alguém procurara por mim anos atrás e ao mesmo tempo magoada por saber que a busca foi impedida pela mulher a quem eu chamava de mãe.

Naquele mesmo mês, fiz minha segunda viagem à Eslovênia. Planejei a viagem para coincidir com o encontro anual de crianças roubadas de Celje, e, de lá, eu iria até Rogaška Slatina, onde me encontraria com Maria Matko e família. Mas eu também seria filmada para um programa de TV alemão; a equipe programou que eu passasse um dia inteiro com historiadores locais em Maribor.

Não sei se foi a presença das câmeras ou se as autoridades eslovenas simplesmente resolveram revelar mais informações – o fato é que minha recepção foi mais calorosa do que anos antes, e o encontro, muito mais produtivo. Descobri exatamente o que aconteceu em Celje – e a verdade sobre Erika Matko.

A ocupação da Iugoslávia no início de 1941 começou bem para a Alemanha. Suas tropas avançaram rapidamente pelo país e, em dez dias, o Comando Supremo Iugoslavo se rendeu.

Em 16 de abril, dia da rendição, a Gestapo invadiu Celje e começou a prender os *partisans* locais contrários ao nazismo. Três dias depois, Himmler chegou em pessoa para inspecionar a antiga prisão da cidade, Stari Pisker. Nos meses seguintes, ela seria usada para torturar e executar centenas de membros da resistência.

Mas, ao contrário de outros países assolados pela Blitzkrieg alemã, a Iugoslávia nunca foi conquistada por completo. A resistência era organizada pelo carismático Josip Tito. Em 4 de julho de 1941, através de um panfleto impresso na clandestinidade, ele convocou o povo a enfrentar os ocupantes nazistas.

> *Povos da Iugoslávia: sérvios, croatas, eslovenos, montenegrinos, macedônios e outros! Chegou a hora de nos erguermos como um único homem na batalha contra os invasores e mercenários que matam nosso povo. Não vacilem diante do terror inimigo. Respondam ao terror com golpes selvagens nos pontos mais vitais dos bandidos da ocupa-*

> *ção nazista. Destruam tudo – tudo que seja útil aos invasores fascistas. Não deixemos que nossos trens carreguem equipamentos e coisas que sirvam às hordas fascistas. [...] Operários, camponeses, cidadãos e jovens da Iugoslávia [...], lutem contra as hordas de ocupação fascista que fazem de tudo para dominar o mundo todo.*

Isso levou a uma intensa guerrilha contra os alemães. Em setembro de 1941, havia pelo menos 70 mil pessoas na força de resistência iugoslava. Os *partisans* de Tito praticavam os clássicos ataques-relâmpago e, quando a Alemanha realizou uma contraofensiva considerável contra os rebeldes, eles simplesmente se retiraram para as montanhas. A resposta de Hitler (bem como à atividade *partisan* em todos os territórios ocupados) foi o decreto *Nacht und Nebel* ("noite e nevoeiro", em tradução literal). Na prática, era a ordem para matar qualquer pessoa que ousasse se opor ao domínio nazista. Em 7 de dezembro, os comandantes em campo receberam as instruções.

> *Dentro dos territórios ocupados, facções comunistas e outros círculos hostis à Alemanha aumentaram seus esforços contra o Estado alemão e as forças de ocupação [...].*
>
> *A magnitude e o perigo dessas maquinações nos obrigam a tomar medidas de restrição severas. Em primeiro lugar, as seguintes diretrizes terão de ser aplicadas:*
>
> 1. *Dentro dos territórios ocupados, a punição apropriada para delitos cometidos contra o Estado alemão ou contra a força de ocupação, que ponham em risco sua segurança ou os levem a um estado de prontidão, é, a princípio, a pena de morte.*
>
> 2. *Os delitos listados no Parágrafo I devem ser tratados nos países ocupados apenas na possibilidade de a pena de morte ser aplicada aos infratores, ou pelo menos ao principal infrator, e se o julgamento e a execução puderem se realizar num período curto. Do contrário, os infratores, pelo menos os principais, devem ser levados para a Alemanha.*
>
> 3. *Os prisioneiros levados para a Alemanha ficam sujeitos ao procedimento militar somente se interesses militares específicos exigirem isso. No caso de autoridades alemãs ou estrangeiras investigarem a existência de tais prisioneiros, deve-se dizer apenas que foram presos, mas que o protocolo proíbe que sejam dadas outras informações.*

> 4. Os comandantes nos territórios ocupados e autoridades da corte, no alcance de suas respectivas jurisdições, são pessoalmente responsáveis pela observância deste decreto.

No mesmo dia, Himmler deu instruções a suas forças da Gestapo e da ss.

> Depois de longa ponderação, é desejo do Führer que sejam alteradas as medidas em relação aos culpados de delitos contra o Reich ou contra as forças de ocupação em áreas ocupadas. Nesses casos, o Führer é da opinião de que o trabalho forçado, por período determinado ou por toda a vida, é sinal de fraqueza.
>
> Somente se pode impor uma intimidação eficaz e duradoura com a pena de morte ou com medidas que deixem a família e o povo sem saber o destino do infrator. A deportação para a Alemanha serve a esse propósito.

Era uma rejeição proposital das leis da guerra. As Convenções de Genebra, ou quaisquer outros tratados, não protegeriam mais a população civil dos territórios ocupados. Em 12 de dezembro, o *Feldmarschall* (marechal de campo) Wilhelm Keitel, chefe do Alto-Comando das Forças Armadas Alemãs, reforçou o decreto de Hitler para as tropas da Wehrmacht presentes em todas as áreas controladas pelo Reich alemão.

> A intimidação eficaz e duradoura só pode ser atingida com a pena de morte ou com medidas que deixem a família do criminoso sem saber seu destino.
>
> Para cortar a desordem pela raiz, é preciso aplicar as medidas mais drásticas ao primeiro sinal de insurreição. Também é preciso considerar que nos países em questão a vida humana muitas vezes não tem valor. Como represália pela vida de um soldado alemão, a regra geral deveria ser a pena de morte para os comunistas, entre 50 e 100 deles. O modo de execução deve ter efeito amedrontador.

Mas a campanha não conseguiu aterrorizar a população a ponto de fazê-la se render. O exército *partisan* de Tito cresceu em nú-

Prisão Stari Pisker, em Celje, ex-Iugoslávia, em meados de 1942. *Partisans* são enfileirados contra o muro antes de serem fuzilados.

Prisão Stari Pisker, em Celje, ex-Iugoslávia, em meados de 1942. Corpos de *partisans* são deixados onde caem.

mero e eficácia. Em meados de 1942, Himmler deu ordens para uma repressão ainda maior à resistência. Em 25 de junho, colocou o *Obergruppenführer* (general) Erwin Rösener, chefe das forças da ss na região, a cargo das operações antirresistência e ordenou que ele matasse ou prendesse todas as famílias suspeitas de envolvimento com os rebeldes.

Rösener planejou cuidadosamente seis *Aktionen* (ações) separadas na região da Baixa Estíria, centradas em Maribor. Na primeira ação, em 22 de julho de 1942, mil pessoas – homens, mulheres e crianças – foram presas e levadas para Celje. Os homens foram separados das famílias, e uma centena foi alinhada contra os muros de Stari Pisker e, depois, sumariamente executada pelo pelotão de fuzilamento. Os assassinatos foram registrados por um fotógrafo nazista como alerta contra a atividade dos *partisans*.

As imagens foram reveladas num estúdio local; o fotógrafo fez cópias extras em segredo e as escondeu até o fim da guerra. Era inquietante ter aquelas fotos nas mãos. Entre os homens mortos naquele dia estava Ignaz Matko. Poderia ser dele um dos corpos junto ao muro do pátio ou sendo colocados em macas por quem seria executado depois?

Alguns adultos capturados nessa perseguição foram mantidos como reféns para garantir a cooperação das cidades e vilarejos vizinhos diante das futuras *Aktionen*.

O restante, tanto homens quanto mulheres, foi mandado para campos de concentração, como o de Auschwitz. Lá, foram executados ou passaram fome até morrer. Seus filhos foram levados para Frohnleiten, na Áustria, para a realização dos exames raciais. As crianças consideradas devidamente arianas – não havia muitas – foram levadas para germanização; as restantes foram enviadas para "campos de educação", onde eram tratadas brutalmente, passavam fome e adoeciam.

A segunda *Aktion* estava marcada para o começo do mês seguinte. Ordenaram que todas as famílias dos vilarejos da região se apresentassem na escola de Celje em 3 de agosto.

Pátio da escola de Celje, na ex-Iugoslávia, em agosto de 1942. Mães apelam em vão aos soldados alemães enquanto veem os filhos serem levados para o exame racial. Ingrid e seus pais estavam entre essas pessoas.

Johann e Helena Matko estavam com seus três filhos, Tanja, Ludvig e Erika, entre as centenas de famílias que chegaram ao pátio da escola naquela manhã. Foram recebidos por soldados fortemente armados, que os separaram rapidamente em três grupos: um para os homens, um para as mulheres e um para as crianças, que foram tiradas dos pais e levadas para dentro da escola.

Mais uma vez, tudo foi fotografado. Uma das imagens mostra famílias encostadas ao muro externo; outra captura o momento em que os soldados separam as pessoas. Nesse enquadramento, uma mulher de lenço na cabeça é segurada por um oficial da Wehrmacht, e ao lado deles há outro soldado, de rifle pendurado no ombro, diante de uma mãe com um bebê no colo; ela parece suplicar ao soldado.

Uma terceira fotografia foi tirada dentro da escola. Numa estrutura rústica de madeira, cheia de palha, crianças e bebês são despidos por ajudantes não identificados. Um dos meninos parece se debater; o rosto dos outros, no entanto, é inexpressivo, vazio.

Olhando essas imagens, senti duas emoções distintas, ambas por ter percebido que, em algum lugar na multidão aglomerada no pátio ou entre os bebês dentro da escola, estava Erika Matko; aquelas fotografias em preto e branco granuladas registravam o dia em que fui roubada de minha família.

Minha primeira reação foi medo. Não quero soar melodramática, mas senti um arrepio pelo corpo, um tremor incontrolável e a sensação de total solidão e vulnerabilidade. Mas sentia raiva também. Como era possível tratar crianças desse jeito? O que será que os soldados pensavam ao arrancar um bebê do colo da mãe e prendê-lo no que parecia um curral?

A vida inteira tentei esconder minhas emoções, enterrá-las tão fundo que o sentimento de perda, abandono e impotência não me engoliriam. Essas fotografias arrancaram meu escudo protetor. Agora, eu era Erika de novo.

Eu e as outras crianças fomos mantidas na escola por dois dias. Fomos cruelmente avaliadas em busca de características raciais valiosas: cabelo loiro, pele clara e olhos azuis eram vistos como sinal de sangue ariano; cabelo castanho e pele ou olhos escuros eram marcas de ancestralidade eslava, sem nenhum valor. Eu fui considerada valiosa, mas Tanja e Ludvig foram rejeitados. Os dois foram levados para fora da escola e devolvidos aos nossos pais.

No total, 430 crianças foram consideradas arianas. Nos mantiveram na escola, depois nos levaram para a estação de trem. As crianças mais velhas carregavam bebês como eu dentro de cestas. A Cruz Vermelha alemã (DRK) estava a postos para supervisionar o transporte das crianças. A liderança da organização era formada por nazistas dedicados a ponto de usarem uniforme e adaga cerimonial, mas abaixo deles havia um exército de voluntários civis. Entre os documentos que eu estava lendo, havia um relatório feito por um desses civis, uma mulher chamada Anna Rath.

Interior da escola, em Celje, na ex-Iugoslávia, em agosto de 1942. As crianças eram mantidas em cercadinhos temporários cheios de palha enquanto esperavam os exames raciais.

Às 6h30, cerca de 430 crianças, de idades entre 1 e 18 anos, foram levadas de automóvel até a estação de trem. As crianças levavam apenas o que conseguiam carregar, uma bagagem de mão. Para o desjejum, recebiam café preto e um pedacinho de pão.

O embarque foi lento. Às 10h30, anunciaram o atraso de uma hora. O trem partiu, mas seguiu viagem só até 14h45. As crianças, então, tiveram de aguentar uma espera de 4 horas: nesse tempo, nem a Cruz Vermelha, nem os oficiais da Organização Nacional-Socialista de Previdência Social Popular lhes deram comida. A água potável era disponibilizada somente por um ajudante da DRK que acompanhava a viagem.

Ao chegar em Frohnleiten, os ajudantes da DRK e as crianças mais novas (de 2 a 5 anos) caminharam até o campo de reassentamento, carregando malas e trouxas. As crianças estavam seminuas e famintas, algumas com fraldas imundas: não havia roupa para trocar. Elas gritavam e choravam.

Quando chegaram [ao campo], houve mais um atraso porque não havia comida pronta para as crianças. Elas tiveram de ficar do lado de fora, no pátio e na campina. Por fim, às 17h00 deixaram as crianças *entrar e ir para o refeitório. Os 16 assistentes da* DRK *que acompanharam a viagem, apesar de exaustos (todos tinham começado no serviço às 4h30), tiveram de cuidar das crianças, porque a equipe do acampamento estava de férias – havia apenas quatro funcionários no local.*

Era assim que os nazistas tratavam as crianças "racialmente valiosas" que roubavam. Foi assim que minha vida começou nas mãos deles. Não admira, portanto, que eu tenha lutado a vida toda com o desejo de ser amada.

Em Frohnleiten, fomos submetidas a outros testes. Os peritos raciais de Himmler nos cutucavam e apertavam, medindo e registrando todas as nossas características, para que fôssemos distribuídas em quatro categorias. As incluídas nas duas primeiras garantiam um lugar no Lebensborn; as outras recebiam uma passagem de volta para os campos de reeducação. Entre as pessoas que avaliavam as crianças iugoslavas raptadas estava Inge Viermetz, a oficial julgada e absolvida em Nuremberg; ela cumpria ordens expressas de "pegar apenas crianças que ainda não haviam atingido a idade escolar".

Mas parecia que o Lebensborn não era a única organização que nos queria. Oficiais da VoMi, a agência que Himmler havia criado para "proteger" alemães étnicos que viviam fora do antigo Reich, queriam sua cota de crianças racialmente valiosas, que se tornariam futuros líderes da raça dominante. De acordo com um depoimento dado em Nuremberg, *"essas crianças foram alvo de uma verdadeira competição entre a VoMi e o Lebensborn, e o Lebensborn acabou vencendo graças aos esforços de* Frau Viermetz*".*

Olhei novamente para essas provas e me surpreendi com a decisão dos juízes de Nuremberg, que optaram por absolver Viermetz e outros oficiais do Lebensborn. Em sentido quase literal, ela lidava com bens roubados, decidia o destino de centenas de crianças – de todos os países ocupados –, mandando algumas delas para um programa que lhes apagava a identidade e o restante para campos onde muitas morreram. Como puderam inocentar essa mulher?

Fui levada de Frohnleiten para outro campo, em Werdenfels, perto de Ratisbona, na Baviera. No final de 1942, o Lebensborn mandou Emilie Edelmann – mãe de Gisela Heidenreich – supervisionar novos testes de seleção racial. Ela deve ter decidido que eu era boa o suficiente; os formulários foram assinados e me mandaram para Kohren-Sahlis.

O nosso trem não foi o último a transportar crianças iugoslavas. Os documentos que li em Maribor revelaram mais quatro outras *Aktionen* em que centenas de famílias tiveram de ir a Celje para exames raciais, filtragem e separação. As novas crianças também foram divididas entre casas Lebensborn e campos de reeducação.

Os funcionários que me mostraram esses papéis tinham mais uma revelação – que se desdobraria num mistério e numa pista para explicar por que havia duas Erika Matko.

Johann e Helena chegaram ao pátio da escola com três crianças. Os registros diziam que, quando os deixaram ir embora, eles saíram com três crianças – Tanja, Ludvig e uma bebê chamada Erika. Eu sabia que minha irmã e meu irmão tinham sido devolvidos aos meus pais, mas quem era essa terceira criança? Como Erika Matko poderia, ao mesmo tempo, estar no trem para Frohnleiten e voltando para Rogaška Slatina com Johann e Helena? Não tinha sentido nenhum, embora fosse exatamente o que aconteceu.

Foi Maria Matko que me levou à resposta. Nós nos encontramos na casa dela um dia depois de minha visita a Maribor. Depois do choque inicial provocado pelos exames de DNA, ela aceitou que eu era sua cunhada. Então, com a ajuda dela, eu finalmente consegui a peça que faltava para descobrir o que tinha acontecido comigo.

No dia em que as crianças foram devolvidas para Johann e Helena, os nazistas executaram, na prisão de Celje, vários suspeitos de serem *partisans*. Testemunhas afirmaram que as famílias do lado de fora da escola escutaram as rajadas de tiros. Os filhos dos homens e mulheres assassinados estavam comigo, dentro da escola; algumas crianças passaram a ser órfãs.

Quando Tanja e Ludvig foram devolvidos para Helena, ela deve ter reclamado que faltava uma criança. Talvez para apaziguá-la ou por não saberem o que fazer, os alemães lhe entregaram uma bebê órfã. Essa foi a menina que cresceu como Erika Matko.

Meu peito foi dilacerado numa mistura de dor, raiva e perplexidade. Eu sabia que minha mãe deve ter percebido que a bebê confiada a seus braços não era sua. Não devia parecer a mesma criança, tampouco ter o mesmo cheiro, uma vez que as mães têm um modo indefinível de conhecer o cheiro dos próprios filhos. O que a levaria a aceitar essa substituição imoral?

A única explicação possível para mim é que ela estava apavorada demais para argumentar; que o barulho dos fuzilamentos a deixou com medo de morrer e de perder o marido e os filhos. Mas o entendimento racional é uma coisa, o emocional é outra. Eu passei quase 60 anos perturbada por não saber quem realmente era; durante os últimos sete anos, realizei uma jornada longa e angustiante para desvendar o mistério do meu passado e descobrir como me transformaram de Erika Matko em Ingrid von Oelhafen.

Agora eu sei. E não ajudou em nada.

A BUSCA

"O que estamos fazendo?", eu me perguntei. "Pelo amor de Deus, o que estamos fazendo?"

Gitta Sereny, ex-assistente social da UNRRA

A dor e o sofrimento que reprimi a vida inteira vieram à tona.

Eu estava com raiva de todas as pessoas envolvidas na minha história. Raiva de Hitler e Himmler pela ordem de me raptar e me negar o amor da minha família; raiva de Inge Viermetz e dos oficiais do Lebensborn por esconder minha verdadeira identidade e me reinventar como uma criança alemã. Eu tinha ódio do que os nazistas fizeram comigo e com todas as vítimas de sua obsessão pelo sangue puro e pela raça ariana dominante.

Mas minha raiva também se voltava para as pessoas mais próximas de mim. Gisela e Hermann von Oelhafen foram cúmplices nesse esquema desprezível.

Certamente eles haviam percebido que o Lebensborn não era confiável. Mesmo durante o período de guerra, havia informações suficientes – aliás, rumores – sobre a organização para que os dois desconfiassem da procedência de um bebê oferecido para criação.

Além disso, havia a estranha ambiguidade de Gisela para comigo; me mandar para outros orfanatos não foi atitude de uma pessoa comprometida a criar uma criança num ambiente amoroso e acolhedor. Para piorar, seu jeito evasivo e suas mentiras sobre minhas origens dificultaram minha busca pela verdade. O quanto minha vida teria sido mais fácil se ela tivesse me dito de onde eu vinha? Amigos da Lebensspuren me disseram que algumas mulheres que adotaram crianças do Lebensborn foram abertas e honestas, o que apaziguou muitas angústias das crianças. Por que Gisela escolheu não me contar a verdade?

Mas as ações da minha família biológica me magoaram muito mais. Eu seria incapaz de condenar Helena e Johann Matko por terem aceitado o bebê que lhes fora entregue pelos nazistas. Eu entendi que uma família de *partisans* conhecidos não poderia ter reclamado, principalmente no dia em que seus compatriotas estavam sendo executados. Coloquei-me no lugar deles e tentei imaginar o pavor de escutar uma batida na porta e se deparar com um oficial da Gestapo ou da ss parado diante de casa. Embora me assombrasse a ideia de que a outra Erika vivera o que deveria ter sido a minha vida, segura e envolvida pelo calor e amor maternos em vez de depositada como um pacote num abrigo ou deixada com um pai de criação doente e assustador, eu entendi como tudo tinha acontecido e fui capaz de perdoar.

O que eu não conseguia aceitar, no entanto, era o fato de Helena continuar mentindo depois do fim da guerra. Por que ela nunca tentou me encontrar? A história de Barbara Paciorkiewicz me mostrara que algumas famílias de crianças raptadas lutaram para receber os filhos de volta. Como Helena conseguiu viver sabendo que sua verdadeira filha estava em algum lugar na Alemanha? Como conseguiu seguir adiante sem nunca tentar me encontrar?

Eu adoraria fazer essa pergunta para ela. Mas Helena morreu em 1994; naquela época, eu não tinha sequer encontrado os documentos que Gisela escondera de mim, muito menos descoberto que minhas raízes eram eslovenas. A atitude da minha mãe verdadeira, combinada à atitude da minha mãe de criação, me negou a chance de buscar respostas.

Minhas emoções precisavam de um bode expiatório: uma pessoa viva que eu pudesse culpar por minha situação. Erika Matko – a outra Erika – tornou-se o foco de toda minha raiva e dor. Fiquei furiosa pelo fato de ela se recusar a me encontrar e até a responder à minha carta. Eu não entendia como alguém podia ser tão insensível. A ideia de que ela havia roubado minha vida me corroía por dentro. Maria me disse que a outra Erika passara grande parte da vida doente e, por isso, nunca trabalhou. Esse, presumivelmente, era o benefício de viver atrás da Cortina de Ferro: as pessoas podiam não ter a liberdade que Gisela buscou para nós ao fugir para o lado ocidental, mas tinham a segurança de um Estado de bem-estar social.

Eu pensei em todo o trabalho que tive para abrir minha clínica de fisioterapia e nas dificuldades que enfrentei com a burocracia alemã e comparei tudo isso com a vida que Erika aparentemente teve com o apoio do governo. Minha raiva aumentou.

Meus amigos tentaram ser racionais comigo e me disseram, com toda razão, que Erika não era culpada de ter recebido minha identidade. Quando criança, ela não poderia saber que nossas vidas foram trocadas, muito menos fazer algo a respeito.

E depois da guerra, na Iugoslávia de Tito, teria sido possível que Helena e Johann revelassem quaisquer relações que tivessem tido com os ocupantes alemães? Provavelmente, não; os comunistas nem sempre eram minuciosos em relação à inocência de quem se havia maculado por qualquer envolvimento com os nazistas. É provável que Erika nunca tenha tido conhecimento de suas origens; talvez ninguém soubesse, exceto meus pais.

Outras pessoas me ajudaram a pensar em como deve ter sido para Erika quando eu a contatei pela primeira vez. Ela estava com mais de 60 anos e sofria de uma doença cardíaca grave; deve ter sido um choque imenso ver uma completa estranha aparecer e pôr em xeque tudo que ela sabia sobre a própria identidade. Deve ter parecido uma ameaça terrível. Eu não podia ter alguma compaixão?

Não. Eu estava dominada demais pela injustiça de tudo que tinha acontecido para me permitir sentir pena de uma mulher cuja vida eu certamente tinha virado de pernas para o ar.

Demorou muito tempo para a raiva se dissipar. Com o passar dos meses e anos, fui me tornando capaz de analisar a situação mais claramente. Comecei pensando no que teria sido para mim uma história alternativa. Pensei de novo no que aconteceu com Barbara, ela ter sido retirada do único lar de que conseguia se lembrar, o de sua família alemã de criação; me imaginei num trem a caminho da Polônia e tentei sentir a desorientação dela.

No encontro do grupo de crianças roubadas em Celje, descobri que algumas crianças raptadas da Iugoslávia tinham sido devolvidas às suas famílias. Houve um processo judicial para estabelecer um precedente dessas repatriações. Ivan Petrochik foi sequestrado por um destacamento da SS em 1943, quando tinha menos de 2 anos de idade. Seu pai foi executado pela Gestapo e sua mãe enviada para um campo de concentração. Ele foi classificado como *Banditenkind* e entregue pelo Lebensborn a uma família alemã. Sua mãe sobreviveu à guerra e tentou localizá-lo durante sete anos. Em 1952, o tribunal ordenou que Ivan voltasse para a Iugoslávia; ele tinha 11 anos e fora criado quase a vida inteira como uma criança alemã.

As histórias de Ivan e de Barbara me fizeram pensar em como funcionava o processo de repatriação e qual seria o efeito sobre todas as pessoas envolvidas. Em 2014, encontrei algumas respostas.

Na época, Gitta Sereny era uma jornalista e escritora extremamente respeitada. Ela nasceu em 1921 em Viena, e seus pais eram um aristocrata austríaco e uma ex-atriz de Hamburgo.

Quando completou 13 anos, seus pais a mandaram para um internato na Inglaterra; mas o trem se atrasou em Nuremberg e lá ela testemunhou um dos desfiles nazistas. O que ela viu a marcou para sempre e, quando terminou os estudos, mudou-se para a França para ajudar órfãos que sofriam sob a ocupação alemã. Ela também trabalhou com a resistência francesa.

Quando a guerra acabou, ela se juntou à Administração das Nações Unidas para Auxílio e Reabilitação (UNRRA), que trabalhava na repatriação de milhões de pessoas deslocadas espalhadas por todo o antigo Reich. Em pouco tempo, foi transferida para o Departamento de Busca de Crianças. Cinquenta e três anos depois, publicou um relato de suas experiências numa revista* hoje extinta. Nesse relato, ela descreveu a repatriação de um menino e uma menina da Alemanha para a Polônia, e, pela primeira vez, eu entendi verdadeiramente o que significaria para mim ter voltado para a Iugoslávia.

O relato começa com Sereny visitando a antiga casa. Era um típico casarão bávaro, de um único andar, com as janelas sem cortinas e apenas duas lâmpadas bem fracas indicando o caminho até a porta da frente. Sereny havia se preparado para a visita pesquisando os registros populacionais da região na prefeitura local. Havia seis pessoas morando na propriedade: o fazendeiro com a esposa, ambos com quarenta e poucos anos, e os pais dele. Também havia duas crianças – um menino e uma menina.

Ela tinha plena consciência do sofrimento que seria causado por sua visita e pelas perguntas incômodas que precisava fazer. Era fundamental ver as crianças em seu ambiente familiar, mas ela esperava que, antes de a entrevista ir longe demais, as crianças fossem colocadas na cama.

Foi recebida com uma nítida frieza. A família se sentou em volta da mesa da cozinha e, intencionalmente, ninguém se levantou quando Sereny chegou. Embora o fazendeiro, a esposa e as duas crianças tenham lhe cumprimentado com um aperto de mão – o menino, relutante; a menina, entusiasmada –, o avô ignorou quando ela lhe estendeu a mão e preferiu continuar com os braços recolhidos atrás da cadeira, perguntando rispidamente o que ela queria.

---

* Revista *Talk*. Reproduzida na Jewish Virtual Library, 2009. A revista encerrou suas atividades há muitos anos, e Gitta Sereny morreu em 2012.

As crianças se chamavam Johann e Marie. As duas tinham oficialmente 6 anos de idade, olhos azuis e cabelo loiro – o do menino, cortado curto e desajeitado; o da menina, mais longo e bem penteado. Sereny explicou que queria conversar só um pouco com a família. Para quebrar um pouco o gelo, ela deu para as crianças uma barra de chocolate – um presente precioso, dada a austeridade da Alemanha pós-guerra. A reação, no entanto, foi mista.

> *Nesse momento, a menina, radiante, disse "Danke", e eu lhe acariciei o rosto; a esposa do fazendeiro, incisiva, disse "Geht zu Bett" ["Vão para a cama"], ao que os dois obedeceram calados.*

A menina abraçou a mãe e estendeu a mão para o pai. O menino, educado, mas também formal, deu boa-noite aos pais e em seguida olhou desconfiado para Sereny, antes de dar um beijo no avô. O fazendeiro levou as crianças para a cama, abraçando-as bem apertado.

Em 1945, havia 8.500 "crianças das Nações Unidas e de nacionalidade assimilada sem registro de acompanhante" nos arquivos do Serviço de Busca. Em poucos meses, dezenas de milhares de novos nomes foram acrescentados, às vezes junto de uma fotografia ou das descrições físicas, e todos os nomes eram de crianças raptadas do Leste Europeu para o programa de germanização de Himmler. Marie e Johann estavam entre essas crianças. Gitta falou de sua descrença da situação:

> *Quem seria capaz de tirar bebês ou crianças pequenas de suas mães? [...] Como era possível acreditar, mesmo os fanáticos mais malucos, na identificação de "valores raciais" em crianças novas e incipientes? Sobretudo, na prática, como era possível existir uma quantidade imensa de crianças estrangeiras – pelo menos algumas delas em idade suficiente para se lembrar das coisas – vivendo dentro da comunidade alemã, basicamente escondidas?*

O fazendeiro foi hostil quando Sereny começou a fazer perguntas. Disse que o filho tinha sido morto pelo Exército Vermelho durante o cerco de Stalingrado; a irmã havia morrido quatro anos antes num acidente de trânsito. Então adotaram Johann e Marie para substituir os filhos perdidos. Era nítido que a família adorava as crianças, e Sereny queria garantir que entendia a situação, ao mesmo tempo que insistia em descobrir tudo que a família sabia sobre a origem dos novos filhos.

Quando ela perguntou sobre os pais biológicos, a esposa do fazendeiro disse que eles tinham morrido, mas foi muito vaga ao falar sobre quem havia lhe dado essa informação. Sereny pressionou um pouco mais, explicando para a família que muitos pais do Leste Europeu estavam procurando os filhos que lhes foram roubados.

> *"Leste?", disse o avô e, repetindo, quase cuspiu a odiosa palavra: "Leste? As crianças não têm nada a ver com o 'Leste'. São alemãs, órfãs alemãs. Basta olhar para elas". Essa era a questão: "Basta olhar para elas".*

Alguém tinha de fato olhado para elas. Assim como aconteceu em Celje, o povo dos vilarejos em volta de Łódź foi convocado a levar os filhos até o Centro de Bem-Estar Infantil, onde os peritos raciais cumpriram com sua tarefa e enviaram as crianças selecionadas para o Lebensborn. Os pais de Johann e Marie procuravam por eles desde então e tinham fotografias para comprovar sua reivindicação. A UNRRA decidiu que as crianças deveriam ser devolvidas para eles.

Gitta Sereny foi transferida de região pouco tempo depois. Até que, em meados de 1946, foi trabalhar num centro infantil na Baviera. Para sua surpresa – e desencanto – ela descobriu que Johann e Marie estavam nesse centro. Era nítido que os dois estavam se esforçando para lidar com o fato de terem sido retirados dos pais de criação; os dois estavam com olheiras e tinham o rosto pálido, sem vida. Sereny ficou chocada com a situação.

> *Marie estava encolhida numa cadeira, de olhos fechados, as pálpebras brancas, o dedão na boca, mas Johann se levantou logo que me viu e começou a gritar, "Du! Du! Du!" ["Você! Você! Você!"], me batendo com os pés e as mãos [...].*

A equipe do centro já tinha visto a mesma cena outras vezes; os funcionários disseram para Sereny que o estado deplorável de Johann e Marie era típico das crianças retiradas das famílias alemãs antes de serem devolvidas ao seu país de nascimento. Muitas delas, incluindo Johann e Marie, precisavam esperar no centro até o dia oficial de repatriação; parecia ser a única maneira de apaziguar a dor da segunda separação que viviam, o único meio de prepará-las para a desconfortável expectativa de conhecer seus pais biológicos. A experiência mostrava que os reencontros provocavam um trauma psicológico terrível em crianças já traumatizadas.

Era uma abordagem atenciosa e cuidadosa – mas, para Johann e Marie, foi um fracasso. O menino já mostrava sinais de agressividade, enquanto a irmã havia regredido para a primeira infância – urinava na cama com frequência e só se alimentava com mamadeira.

No final do dia, o psiquiatra residente sugeriu que Sereny tentasse dar comida para Marie com uma mamadeira.

> *Ela ficou parada, de olhos fechados – o único movimento era dos lábios, que sugavam, e da garganta, que engolia. Eu a segurei até que adormecesse. Foi bom para mim, mas temo que não para ela.*
>
> *"O que estamos fazendo?", eu me perguntei. "Pelo amor de Deus, o que estamos fazendo?"*

Hoje eu entendo. Meu destino teria sido o mesmo se tivessem me mandado de volta para Rogaška Slatina. Eu não acho que entenderia o que estava acontecendo, assim como Johann e Marie não entendiam por que foram retirados da única família da qual se lembravam. Agora, sim, eu não sentia mais raiva.

PAZ

Minha identidade pode começar com minha raça, mas não acaba nem poderia acabar nela.

Barack Obama, *Dreams from my father: A story of race and inheritance*, 1995

O que é identidade? Como ela se forma? A identidade faz a pessoa ou a pessoa é quem faz a identidade?

Essa pergunta não é um mero exercício abstrato de filosofia, como poderia parecer. Quando minha jornada acabou, essa foi a pergunta que tive de enfrentar. Eu sabia quem eu era – ou tinha sido. Mas não fazia ideia do que isso significava.

Identidade é muito mais do que apenas a resposta à pergunta "Quem somos nós?". Ela também tem a ver com personalidade. Mas como me tornei Ingrid von Oelhafen? Eu era produto dos meus primeiros anos de vida como criança do Lebensborn? Foi essa experiência que ditou quem eu me tornei depois? Seria essa a razão da minha timidez, da minha falta de confiança e do meu desejo de colocar a vontade dos outros – especialmente das crianças – acima da minha? Em outras palavras, teria Himmler marcado definitivamente o curso da minha vida? Afinal de contas, esse era seu propósito: todos nós, nascidos no Lebensborn ou roubados e levados para lá, supostamente satisfaríamos o que ele projetava como uma geração nova e uniforme da raça dominante alemã.

Será que eu também era produto das minhas próprias escolhas? A genética podia determinar a cor do cabelo e da pele, mas a identidade envolve o livre-arbítrio. Eu escolhi dedicar a vida a crianças deficientes, escolhi não me casar e não constituir família. Essas decisões foram minhas – e não o resultado ineluktável do programa Lebensborn.

Talvez quem nunca viveu a incerteza de não conhecer a própria identidade raramente se incomode com questões existenciais. No entanto, nos momentos mais tristes, quem nunca voltou repetidas vezes a um momento específico da vida e imaginou o que teria acontecido se algumas coisas tivessem sido diferentes?

Em *Hamlet*, de Shakespeare, Ofélia diz: "Sabemos o que somos, não o que poderemos ser". Eu não conseguia parar de pensar no que poderia ter sido. E se eu não tivesse sido escolhida durante o exame racial em Celje? O que teria sido da minha vida se eu crescesse como Erika Matko? Será que eu teria a oportunidade de construir uma carreira renomada, ou meus horizontes seriam limitados pelas circunstâncias – como parecem ter sido os da outra Erika? Se Gisela tivesse sido mais honesta e a Guerra Fria não tivesse intervindo, eu teria voltado para meus pais biológicos. O que isso significaria para minha trajetória de vida? Será que minha situação teria sido melhor se os nazistas tivessem me deixado com minha família – ou, melhor, será que, por ironia do destino, eles acabaram me fazendo um favor?

Os encontros anuais das crianças do Lebensborn exacerbavam essa incerteza. A tensão que percebi no nosso primeiro encontro só cresceu ao longo dos anos, até a Lebensspuren se dilacerar por causa de desavenças. Todos nós carregávamos marcas do experimento da raça dominante; todos nós lutávamos para aceitar nossa história pessoal. Em 2014, muitas das pessoas que haviam se unido para criar um ambiente de apoio abandonaram a organização ou se afastaram para criar novos grupos menores. Eu fui uma delas.

Nesse mesmo ano, fiz duas viagens que me ajudaram a encontrar alguma paz. A primeira foi para visitar uma ex-funcionária do Lebensborn, Anneliese Beck. Na época, com 92 anos e quase cega, ela me recebeu com chá e pão de frutas secas quando cheguei à sua casa perto de Frankfurt.

Frau Beck havia trabalhado na casa Sonnenwiese, em Kohren-Sahlis, na época em que fui mantida lá. Ela não se lembrou de mim; havia 150 crianças no espaço, e eu não fazia parte do grupo pelo qual ela era responsável. Mas conseguiu me contar bastante coisa sobre a rotina em Sonnenwiese e me ajudar a entender como deve ter sido minha vida naquele lugar. Ela me mostrou uma fotografia dela mesma junto com algumas crianças. Agradou-me ver que estavam bem vestidas e claramente bem alimentadas. Ela também insistia em dizer que, apesar das circunstâncias e da presença da ss, a maior parte do tempo que passamos em Kohren-Sahlis foi feliz e confortável.

Encontrar *Frau* Beck me ajudou a preencher as últimas lacunas ainda abertas no meu conhecimento. Eu não tinha nenhuma lembrança de Sonnenwiese e, por mais que tentasse, era incapaz de visualizar os anos que passei lá; eu podia forçar ao máximo minha memória, mas tudo que via era um buraco negro. Agora, o buraco estava cheio, e as paredes que encobriam minhas lembranças começavam a ruir. Senti que a última etapa seria visitar Kohren-Sahlis, caminhar dentro do prédio; tive a certeza de que isso abriria minha mente. Embora não estivesse de todo preparada, sabia que, nos anos seguintes, eu faria essa viagem.

Em outubro de 2014, retornei à Eslovênia. Primeiro fui a Rogaška Slatina, onde visitei um memorial aos homens e mulheres mortos entre 1941 e 1945, localizado num parque muito bonito. Havia mais de mil nomes cravados na pedra. Quando vi o nome do meu tio Ignaz, passei o dedo na pedra acompanhando o traço das letras.

Em seguida, Maria Matko me mostrou a casa onde nasci e me levou a um cemitério no topo de uma colina, onde meus pais, minha avó, meu irmão e minha irmã estão enterrados. Deixei flores nos túmulos e acendi velas para minha irmã e meu irmão, enquanto Maria e a sobrinha limpavam os vãos entre as pedras. Eu achei que seria esmagada pela sensação de perda, mas acabei ficando surpresa por perceber que não senti praticamente nada além da tristeza normal de visitar um cemitério.

Algo semelhante aconteceu no fim da tarde, quando Maria me convidou de volta ao seu apartamento para tomar um café esloveno e licor de mirtilo com outros familiares. O clima era cortês e acolhedor; todos foram hospitaleiros e abertos. A família Matko claramente havia me aceitado como um dos seus; eles me deram fotografias dos pais, irmãos, sobrinhos e sobrinhas. Mas, embora estivesse grata pelo amor e pela generosidade de uma família pela qual tanto ansiei, eu me senti uma criança entre eles. Meu peito estava tomado de angústia, a mesma sensação que eu tinha toda vez que precisava encarar um teste qualquer.

No dia seguinte, fui até o cartório de registros civis. Eu procurava registros relacionados ao casamento dos meus pais; o funcionário foi virando as páginas de um livro enorme que documentava cada local de nascimento. Juntos, encontramos a página com o registro da minha chegada, e aquelas páginas também revelaram que Johann e Helena haviam se casado em 1938 – vários anos depois do nascimento de minha irmã Tanja e meu irmão Ludvig. Era uma pista para o mistério dos exames de DNA; o resultado dos exames mostrara que, embora o filho de Ludvig, Rafael, fosse definitivamente meu sobrinho, eu não tinha nenhum parentesco com o filho de Tanja, Marko. Dado que Tanja e Ludvig nasceram antes dos meus pais se casarem, a explicação mais provável é que Tanja tivesse outro pai. A família Matko guardava mais segredos do que parecia.

O último mistério a resolver era o da outra Erika. Ela ainda não tinha respondido às minhas cartas e, pelo que Maria me dissera, também não tinha vontade de conversar comigo pessoalmente.

Pensei longamente em como agir e decidi que lhe faria uma visita, já que tinha o endereço. Ela morava no quarto andar de um prédio decadente, numa área pobre de Rogaška Slatina. Eu sabia que Erika estaria em casa; os Matko me disseram que ela estava doente demais para descer as escadas, por isso passava o dia todo no apartamento. Na entrada, vi a caixa de correspondências e o interfone com o nome dela. Minha vontade era tocar o interfone, esperar o convite para entrar e ver essa mulher enigmática com meus próprios olhos. Eu queria abraçá-la, conversar com ela, exigir respostas. Queria, sobretudo, encontrar a paz de espírito que viria do encontro com meu outro eu.

No entanto, não fiz nada disso. Parada na rua, na entrada do prédio, entendi que minha raiva não era só improdutiva, mas também corrosiva. Fiquei pensando em que direito eu tinha de impor minhas necessidades a uma mulher doente e vulnerável que, assim como eu, tinha sido vítima dos nazistas e do Lebensborn. Eu sabia que não tinha esse direito e que tinha de aprender não só a entender, mas também a perdoar. Fui embora, caminhando devagar.

Dois dias depois, após o último encontro com minha família eslovena, voltei para minha casa em Osnabruque. À medida que retomava minha vida, pensei no que os 15 anos anteriores me ensinaram. Parecia que tinha viajado longas distâncias, quando na verdade minha jornada tinha sido um grande círculo que me levou exatamente ao ponto de onde parti.

Não foi fácil nem indolor, mas fiquei feliz – eu *estou* feliz – por saber a verdade sobre o Lebensborn e sobre como fui parar no programa. Obtive conforto na "família" estendida dos que nasceram no experimento de Himmler ou participaram dele depois de serem sequestrados, e, nos anos que se seguiram depois daquele primeiro encontro em Hadamar, centenas de nós descobrimos o que procurávamos: quem éramos.

Tenho certeza de que fui uma criança iugoslava chamada Erika Matko. Tenho certeza de que fui roubada de minha família e sou grata por ter tido a chance de conhecê-la. Obviamente, eu queria ter conhecido minha mãe biológica; queria ter pelo menos uma lembrança do amor dela por mim e sinto uma tristeza profunda por não ter tido a oportunidade de ouvi-la falar da própria vida ou dos motivos de não ter me procurado depois da guerra.

Mas eu não me sinto próxima dos Matko da maneira como esperamos que uma família se sinta. Muita coisa aconteceu; a separação temporal e geográfica era grande demais. Existe um abismo entre nós que transcende a questão da língua. Não consigo entender o que significa ter crescido na Iugoslávia do mesmo modo que não entendo esloveno.

Na verdade, sinto uma afinidade muito maior com meu meio-irmão, Hubertus. Racionalmente, sei que não tínhamos parentesco de sangue, mas nessa percepção se encontra a derrota suprema da ideologia nazista: o sangue não é importante.

Hoje consigo sorrir para isso. Como demorei tanto tempo para perceber algo tão óbvio? Passei a vida inteira trabalhando com crianças que carregavam o peso da deficiência física ou mental; experimentei como o amor e a paciência podem superar essas dificuldades. O ambiente pode sempre arrumar um jeito de derrotar a natureza.

Com uma sensação de tristeza, refleti sobre os anos que deixei minha vida eclipsada. Acho que, para todos nós, existe uma lacuna entre o que queremos e o que podemos ter, e é nessa lacuna que nasce o arrependimento. Passei muito tempo presa naquela decepcionante terra de ninguém, entre o sonho e a realidade. Perdi de vista a verdade fundamental de que não somos definidos pelo nosso nascimento, mas sim pelas escolhas que fazemos durante a vida.

Mahatma Gandhi disse uma vez: "A melhor maneira de se encontrar é se perder a serviço dos outros". Demorei a vida inteira para entender isso. Embora eu tenha voltado para o ponto exato de onde parti, não acho que teria chegado a essa conclusão sem embarcar na minha jornada. Hoje sei quem fui e quem sou. Erika Matko foi uma bebê do Lebensborn, roubada da Iugoslávia, que desapareceu na loucura do programa Lebensborn. Ingrid von Oelhafen é alemã, uma fisioterapeuta que ajudou e apoiou gerações de crianças.

Meu nome é Ingrid von Oelhafen. Também é Erika Matko. Ingrid é alemã; Erika é iugoslava. As duas foram eu mesma. Mas e agora? Agora sou Ingrid Matko-von-Oelhafen, como sempre fui.

PAZ

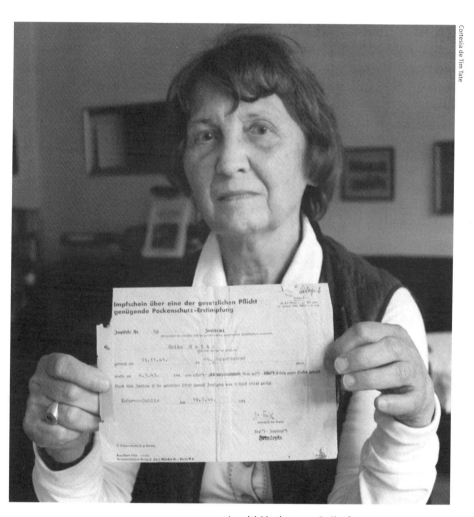

Ingrid Matko-von-Oelhafen
segurando o
primeiro documento
oficial de sua existência,
um certificado
de vacinação emitido
pelo Lebensborn.

EPÍLOGO

Que os homens não aprendem muita coisa com as lições da História é a mais importante de todas as lições da História.

Aldous Huxley

Este livro conta uma história que aconteceu há mais de 70 anos. Seria fácil considerá-la apenas uma história – fácil, mas errado.

Desde 1945, o mundo não passa por um conflito global. Também não houve desde então uma iniciativa criminosa da dimensão do Terceiro Reich ou uma ideologia que adore tão abertamente a importância mística do sangue puro. Mas as palavras-chave aqui são *global* e *abertamente*. A crença deturpada de que uma pessoa é inerentemente superior à outra em virtude da raça não deixou de existir – tampouco as guerras travadas em função dela.

Do sul da Ásia ao Oriente Médio, da África aos Bálcãs, há pessoas convencidas de que os povos, as raças ou os países vizinhos são inerentemente inferiores: esses *Untermenschen* do pós-nazismo são "os outros" que mereceriam menos respeito, alimento, terra ou vida.

Nas duas gerações desde que o experimento Lebensborn morreu enterrado por uma Europa devastada, o mundo conheceu uma sucessão de conflitos menores e mais localizados. Na raiz da maioria deles existe uma variação da crença de Himmler em raças superiores e inferiores.

Este livro é um relato pessoal, mas também uma análise da História. Foi escrito numa época em que o mundo está se fragmentando numa hostilidade ainda maior entre países, regiões ou religiões. Uma parte dessa hostilidade acaba se transformando em pequenas guerras odiosas – um grupo étnico que destroça o outro ou uma vertente de uma crença que explode quem considera menor aos olhos de seu Deus.

Especialmente na Europa e suas fronteiras, nos países que uma vez estiveram por trás da Cortina de Ferro, os políticos se aproximam do nacionalismo, atiçando as fogueiras do ódio baseado na inferioridade racial ou histórica. Também desde 1945 não vemos o continente – aliás, o mundo – dividido de forma tão perigosa.

A lição da História é que ninguém aprende a lição da História. Passou da hora de começarmos.

AGRADECIMENTOS

A estrada para encontrar minhas raízes foi longa e cheia de obstáculos. Mas nela encontrei pessoas maravilhosas que me acompanharam ao longo do percurso.

Gostaria de agradecer especialmente à minha melhor e mais antiga amiga, Dorothee Schlüter. Ela esteve comigo desde os primeiros passos tímidos da busca de minhas origens, apoiando-me psicológica e emocionalmente, envolvendo-se sem reservas à medida que eu avançava. Agradeço também a Jutta Schröder, que sempre se preocupou em me ajudar.

Preciso registrar minha gratidão ao dr. Georg Lilienthal, por direcionar minha busca, e a Josef Focks, que me impulsionou o tempo todo (enquanto eu hesitava), até eu finalmente concordar em ir à Eslovênia.

Agradeço aos meus amigos da Lebensspuren, onde encontrei pela primeira vez outras crianças do programa Lebensborn; vocês, acima de qualquer coisa, sabem o quanto foram importantes.

Pela companhia e pelo apoio em minhas viagens a Rogaška Slatina, agradeço às amigas Ute Grünwald, Ingrid Rätzmann e Helga Luas. Também sou grata à minha família eslovena por ser tão cordial e aberta.

Tenho uma dívida especial para com a dra. Dorothee Schmitz-Köster, que tem me ajudado desde o instante em que a conheci. Além de alimentar minha crença de que era possível escrever este livro, ela contribuiu com um conhecimento amplo a respeito do Lebensborn. Ela também foi uma companhia sensata e maravilhosa na minha última visita à Eslovênia.

Quando Tim sugeriu a escrita deste livro, comecei a pensar em todas as fases da minha vida. Havia tanta coisa complicada e desconhecida – mas, à medida que trabalhamos juntos, percebi a escuridão que me envolvia desaparecendo gradualmente. Também descobri que, no processo de escrita, eu conseguia "falar" com Helena, Johann, e até com Erika Matko. No papel (quando não na realidade), eu conseguia perguntar "por quê?". Não encontrei necessariamente todas as respostas, mas essas conversas – algumas inflamadas – me ajudaram a perdoar e amar a vida como ela é.

Ingrid Matko-von-Oelhafen
Osnabruque, abril de 2015

Este livro nasceu de um filme que realizei em 2013.

Eu tinha ouvido falar do Lebensborn muitos anos antes e tentado – sem sucesso – convencer vários canais de televisão a encomendar um documentário sobre o assunto. Por fim, o Channel 5 concordou em patrocinar um filme de 60 minutos; sou muito grato ao editor de conteúdo, Simon Raikes, por ver a importância da história e apostar nela.

Conheci Ingrid enquanto pesquisava o programa; ela concordou em ser filmada e foi extremamente generosa comigo quando não consegui, por razões de espaço, incluir seus depoimentos no documentário. Também foi gentil o suficiente para me dar ouvidos quando sugeri, logo em seguida, que escrevêssemos um livro sobre sua extraordinária e corajosa jornada em busca da verdade sobre o Lebensborn e seu passado.

Nem o filme, nem o livro seriam possíveis sem a ajuda e o encorajamento da dra. Dorothee Schmitz-Köster. As crianças do Lebensborn não têm uma heroína maior que Dorothee, e seu compromisso em contar a história dessas crianças nos livros que publicou (infelizmente apenas na Alemanha) tem sido fundamental para esclarecer a sombria organização de Himmler.

Muitas fontes foram úteis para conferir e verificar as histórias dos sobreviventes, entre elas: "Nazi 'Selective Breeding'", *The Times* (14 de dezembro de 1943); "Hitler's Children", Joshua Hammer, *Newsweek International* (20 de março de 2000); "Nazi Past Haunts 'Aryan' Children", Kate Bissell, site da BBC News (13 de junho de 2005); "Sixty of Hitler's children meet", Associated Press (5 de novembro de 2006); "Eight People, Products of the Lebensborn Programme to Propagate Aryan Traits, Met to Exchange their Stories", Mark Landler, *New York Times* (7 de novembro de 2006); "Nazi Program to Breed Master Race", David Crossland, *Der Spiegel* (8 de março de 2007); "Documents Detail Nazis' Drive for Racial Purity", Melissa Eddy, Associated Press (6 de abril de 2007); "Man Kidnapped by SS Discovers True Identity", *Daily Telegraph* (6 de janeiro de 2009); "Stolen by the Nazis: The Tragic Tale of 12.000 Blue-Eyed Blond Children Taken by the SS to Create an Aryan Super-Race", *Daily Mail* (9 de janeiro de 2009); "Stolen Children", Gitta Sereny, *Talk Magazine* (2009); "Third Reich Poster Child", Titus Chalk, *ExBerliner* (22 de novembro de 2010); Tone Ferenc: documentos relacionados à ocupação nazista da Iugoslávia disponíveis on-line em <http://karawankengrenze.at/ferenc/index.php?r=documentlist>.

Também agradecemos à editora inglesa Elliott & Thompson, por ter apostado no livro com tanto entusiasmo, e à nossa editora Olivia Bays, cujos conselhos imparciais melhoraram consideravelmente nosso manuscrito.

Da mesma maneira, Andrew Lownie é o que podemos chamar de agente literário perfeito. Suas diretrizes iniciais e sua relação com editores do mundo todo garantiram que esta história seja lida em países tão distantes um do outro quanto Finlândia, Itália, Polônia, Romênia, Eslovênia, Turquia, Estados Unidos e agora também Brasil.

Por fim, eu não poderia escrever sem o amor e o apoio de minha esposa, Mia Pennal. Depois de procurar uma vida inteira, tive a sorte de ser encontrado. *Cursum Perficio*: minha jornada acaba aqui.

Tim Tate

BIBLIOGRAFIA

Bessel, Richard. *Germany 1945*: From War to Peace. London: Simon & Schuster, 2009.

Clay, Catrine; Leapman, Michael. *Master Race*: The Lebensborn Experiment in Nazi Germany. London: Coronet, 1995.

Hillel, Marc; Henry, Clarissa. *Of Pure Blood*. New York: McGraw-Hill, 1976.

Owen, James. *Nuremberg*: Evil on Trial. London: Headline, 2006.

Schmitz-Köster, Dorothee. *Lebenslang Lebensborn*. Munich: Piper Verlag, 2012.

Taylor, Frederick. *Exorcising Hitler*: The Occupation and Denazification of Germany. New York: Bloomsbury, 2011.

Weale, Adrian. *The ss*: A New History. London: Little, Brown, 2010.

OS AUTORES

Ingrid von Oelhafen (Erika Matko) é fisioterapeuta aposentada e vive em Osnabruque, Alemanha. Investiga há mais de vinte anos sua própria história e a do Lebensborn.

Tim Tate é documentarista e escritor de não ficção. Escreveu vários best-sellers, incluindo *Slave Girl*. Seus filmes já foram premiados pela Anistia Internacional, Royal Television Society, Unesco e Associação Internacional de Documentários.

Cadastre-se no site da Contexto
e fique por dentro dos nossos lançamentos e eventos.
www.editoracontexto.com.br

Formação de Professores | Educação
História | Ciências Humanas
Língua Portuguesa | Linguística
Geografia
Comunicação
Turismo
Economia
Geral

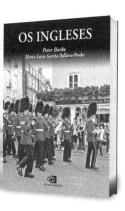

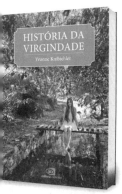

Faça parte de nossa rede.
www.editoracontexto.com.br/redes

Promovendo a Circulação do Saber

GRÁFICA PAYM
Tel. [11] 4392-3344
paym@graficapaym.com.br